Obra Completa de C.G. Jung
Volume 7/2

O eu e o inconsciente

Comissão responsável pela organização do lançamento da
Obra Completa de C.G. Jung em português:
Dr. Léon Bonaventure
Dr. Leonardo Boff
Dra. Dora Mariana Ribeiro Ferreira da Silva
Dra. Jette Bonaventure

A comissão responsável pela tradução da Obra Completa de C.G. Jung sente-se honrada em expressar seu agradecimento à Fundação Pro Helvetia, de Zurique, pelo apoio recebido.

FICHA CATALOGRÁFICA
(Preparada pelo Centro de Catalogação-na-fonte do Sindicato Nacional dos Editores de Livros, RJ)

	Jung, Carl Gustav, 1875-1961.
J92e	O eu e o inconsciente; tradução de Dora Ferreira da Silva. 27. ed. – Petrópolis, Vozes, 2015. Título original:*Zwei Schriften über Analytische Psychologie.* Bibliografia. 14ª reimpressão, 2023. ISBN 978-85-326-0419-4 1. Ego (Psicologia). 2. Personalidade. I. Título.
77-0631	CDD-154 CDU-159.964.2

C.G. Jung

O eu e o inconsciente

7/2

EDITORA
VOZES

Petrópolis

©1971, Walter-Verlag, AG, Olten

Tradução do original em alemão intitulado *Zwei Schriften über Analytische Psychologie* (Band 7)
Die Beziehungen zwischen dem Ich und dem unbewussten (2. Schrift)

Editores da edição suíça:
Marianne Niehus-Jung
Dra. Lena Hurwitz-Eisner
Dr. Med. Franz Riklin
Lilly Jung-Merker
Dra. Fil. Elisabeth Rüf

Direitos exclusivos de publicação em língua portuguesa:
1978, Editora Vozes Ltda.
Rua Frei Luís, 100
25689-900 Petrópolis, RJ
www.vozes.com.br
Brasil

Todos os direitos reservados. Nenhuma parte desta obra poderá ser reproduzida ou transmitida por qualquer forma e/ou quaisquer meios (eletrônico ou mecânico, incluindo fotocópia e gravação) ou arquivada em qualquer sistema ou banco de dados sem permissão escrita da editora.

CONSELHO EDITORIAL

Diretor
Volney J. Berkenbrock

Editores
Aline dos Santos Carneiro
Edrian Josué Pasini
Marilac Loraine Oleniki
Welder Lancieri Marchini

Conselheiros
Elói Dionísio Piva
Francisco Morás
Gilberto Gonçalves Garcia
Ludovico Garmus
Teobaldo Heidemann

Secretário executivo
Leonardo A.R.T. dos Santos

Tradução: Dora Mariana Ribeiro Ferreira da Silva

Diagramação: AG.SR Desenv. Gráfico
Capa: 2 estúdio gráfico

ISBN 978-85-326-2424-6 (Obra Completa de C.G. Jung)

ISBN 978-85-326-0419-4 (Brasil)
ISBN 3-350-40082-3 (Suíça)

Este livro foi composto e impresso pela Editora Vozes Ltda.

Sumário

Prefácio dos editores, 7

Prefácio à segunda edição, 9

Parte I: Efeitos do inconsciente sobra a consciência, 13

I. Inconsciente pessoal e inconsciente coletivo, 15

II. Fenômenos resultantes da assimilação do inconsciente, 27

III. A persona como segmento da psique coletiva, 45

IV. Tentativas de libertar a individualidade da psique coletiva, 52

    a) Restabelecimento regressivo da persona, 52

    b) Identificação com a psique coletiva, 58

Parte II: Individuação, 61

I. A função do inconsciente, 63

II. *Anima* e *animus*, 78

III. A técnica de diferenciação entre o eu e as figuras do inconsciente, 103

IV. A personalidade-mana, 118

Apêndice: A estrutura do inconsciente, 133

1. Inconsciente pessoal e inconsciente coletivo, 133

2. Fenômenos resultantes da assimilação do inconsciente, 138

3. A persona como segmento da psique coletiva, 150

4. Tentativas de libertar a individualidade da psique coletiva, 155

5. Princípios fundamentais para o tratamento da identificação com o coletivo, 160

Resumo, 171

Referências, 177

Índice onomástico, 187

Índice analítico, 189

Prefácio dos editores

Este volume VII da Obra Completa de C.G. Jung – que se apoia no volume correspondente de *Collected Works*, Bollingen Séries XX, Pantheon, Nova York, e Routledge & Kegan Paul, Londres – contém os dois estudos: *Psicologia do inconsciente* e *O eu e o inconsciente*. Nasceram de ensaios anteriores em que se destacam aquelas reflexões fundamentais e de grande importância para a organização das obras de Jung. A matéria tratada, difícil por natureza, é apresentada do modo mais simples possível, visando torná-la acessível a um público maior.

O primeiro estudo foi publicado a primeira vez sob o título *Neue Bahnen der Psychologie* (*Novos caminhos da psicologia*), em 1912, no *Jahrbuch des Rascher-Verlages*, volume III, organizado por Konrad Falke. Jung discute aí as diversas concepções de Freud e de Adler a respeito do inconsciente, elaborando uma introdução à psicologia do inconsciente, fundamentada nos arquétipos do sonho. O vivo interesse que esse estudo despertou fez com que Jung o reelaborasse continuamente ao longo dos anos, modificando-lhe sucessivamente o título primitivo para *Psicologia dos processos inconscientes*, *O inconsciente na vida psíquica normal e patológica* e, finalmente, para o título definitivo: *Psicologia do inconsciente*. O capítulo sobre os tipos foi eliminado, pois em 1920 apareceu o livro de sua autoria intitulado *Tipos psicológicos*, que trata ex-professo do assunto. Jung fala das ampliações e modificações do texto nos prefácios das diversas edições que aqui incluímos.

O segundo estudo, *Die Beziehungen zwischen dem Ich und dem Unbewussten* (*O eu e o inconsciente*), publicado a primeira vez sob essa forma em 1928, surgiu de um ensaio, escrito em alemão; mas apareceu apenas em sua edição francesa sob o título *La structure de l'inconscient*, e em inglês, em *Collected Papers on Analytical Psycho-*

logy, intitulado *The Concept of the Unconscious*. A versão alemã, que supunha-se perdida, foi encontrada juntamente com um texto refundido e ampliado, sem data, e inédito da primeira redação. Esse texto tem uma importância particular dentro das obras de Jung, não tanto como introdução aos conceitos fundamentais, porém como uma exposição sumária e concisa das posições mais destacadas do autor. Por essa razão, os editores julgaram-se autorizados a colocar em apêndice as duas primeiras redações – como também o ensaio acima mencionado extraído do *Jahrbuch des Rascher-Verlages* – embora, aqui e ali, não se possam evitar certas repetições ocasionais.

As primeiras versões dos dois estudos têm seu valor do ponto de vista histórico, pois nelas encontramos as primeiras formulações dos conceitos da psicologia analítica, como são, por exemplo, o inconsciente pessoal e coletivo, o arquétipo, a *persona*, o *animus* e a *anima*, bem como as primeiras colocações sobre tipologia. Ao reeditarmos também esses textos primitivos, que representam os primeiros passos de um processo de elaboração através de várias décadas, oferecemos ao leitor a possibilidade de acompanhar a evolução das ideias de Jung.

Agradecemos à Sra. A. Jaffré e à Srta. Dra. M.-L. v. Franz a valiosa colaboração no preparo dos textos, e à Sra. E. Riklin, a organização dos índices.

Prefácio à 2ª edição

Este livro teve sua origem numa conferência publicada em dezembro de 1916 nos *Archives de Psychologie*, sob o título de *La structure de l'inconscient*[1] (vol. XVI, p. 152). Esta mesma conferência apareceu mais tarde, em inglês, sob o título *The Concept of the Unconscious*, em meus *Collected Papers on Analytical Psychology*[2]. Menciono tais dados para tornar claro que o presente trabalho não é apresentado pela primeira vez, representando o esforço de mais de um decênio no sentido de captar e descrever – pelo menos em seus traços principais – o estranho caráter e o transcurso desse *drame intérieur* que é o processo de transformação da psique inconsciente. A ideia da autonomia do inconsciente, que separa radicalmente minha concepção da de Freud, ocorreu-me em 1902, ocasião em que me ocupava do processo de desenvolvimento psíquico de uma jovem sonâmbula[3]. Numa conferência sobre o conteúdo das psicoses[4], realizada em Zurique, abordei a mesma ideia a partir de outro ponto de vista. Em 1912 descrevi, apoiado num caso individual, as fases principais do processo, indicando ao mesmo tempo o paralelismo histórico e étnico desses acontecimentos psíquicos, cujo caráter é evidentemente universal[5]. No ensaio acima mencionado, *La structure de l'inconscient*, ten-

---

1. Cf. *A estrutura do inconsciente* no apêndice deste volume.

2. JUNG, C.G. (org.). *Collected Papers on Analytical Psychology*. 2. ed. Londres: Baillère, Tindall and Cox, 1920 [OC, 1, 2, 3, 4 e 6 - LONG, C.E. (org.)].

3. Cf. *Zur Psychologie und Pathologie sogenannter occulter Phäenomene*. Diss. Leipzig: [s.e.], 1902 [OC, 1].

4. Aparecido em 1908.

5. Em *Wandlungen und Symbole der Libido*. Viena: [s.e.], 1912. Nova edição: *Symbole der Wandlung*. Analyse des Vorspiels zu einer Schizophrenie. Zurique: Rascher, 1952 [Em português: *Símbolos da transformação*. Petrópolis: Vozes, 2011 (OC, 5)].

tei resumir pela primeira vez o processo global. Foi uma simples tentativa, cuja insuficiência logo percebi. As dificuldades do tema eram de tal ordem que me parecia impossível resolvê-las adequadamente num único trabalho. Dei-me por satisfeito com essa "comunicação provisória", resolvido, no entanto, a retomar o mesmo assunto mais tarde. Doze anos de novas experiências possibilitaram, em 1928, a revisão total das formulações de 1916; o resultado desses esforços foi o presente livro. Nele tentei descrever, em primeiro lugar, a relação entre a consciência do *eu* e o processo inconsciente. Nesse sentido ocupei-me especialmente dos fenômenos que podem ser qualificados como manifestações reativas da personalidade consciente, diante das influências do inconsciente. Tratei assim de aproximar-me de modo indireto do processo inconsciente. Tais investigações não chegaram ainda a um final satisfatório, uma vez que permanece sem resposta a questão fundamental, relativa à natureza e essência do processo inconsciente. Não me atrevo a abordar um tema de tal dificuldade sem dispor da maior soma possível de experiências. Sua solução está reservada ao futuro.

Espero que o leitor me perdoe por pedir-lhe – no caso de perseverar na leitura – que considere este livro como a séria tentativa da minha parte de chegar a uma representação intelectual de um novo campo de consciência até agora inexplorado. Não se trata de elucubrações sutis, mas da formulação de um complexo psíquico de experiências que até o momento não foi objeto da reflexão científica. Como a psique constitui um dado irracional, não podendo ser equiparada a uma razão mais ou menos divina, não é de estranhar-se que na experiência psicológica encontremos, com extrema frequência, processos e vivências alheios à nossa expectativa racional e por isso mesmo rejeitados pela atitude racionalística da nossa consciência. Tal mentalidade não é adequada à observação psicológica e é profundamente anticientífica. Não devemos sugerir à natureza o que deve fazer, se quisermos observar seu comportamento espontâneo.

A tentativa de resumir neste livro vinte e oito anos de experiência psicológica e psiquiátrica me dá, de certo modo, o direito de esperar que ele seja levado a sério. Naturalmente, nem tudo pôde ser dito nos limites deste volume. O prosseguimento do último capítulo po-

O eu e o inconsciente

derá ser encontrado pelo leitor eventual no livro *Geheimnis der gol-denen Blüte*[6] (O segredo da flor de ouro), que publiquei em colabora-ção com meu amigo Richard Wilhelm, já falecido. Não poderia dei-xar de referir-me a essa publicação, pois a filosofia oriental vem se ocupando há muitos séculos com os processos psíquicos interiores, sendo por isso de um valor inestimável para a pesquisa científica.

Outubro, 1934
C.G. JUNG

---

6. Cf. o *Kommentar zu: Das Geheimnis der goldenen Blüte*. 6. ed. [s.l.]: [s.e.], 1957 [OC, 13].

Parte I
Efeitos do inconsciente sobre a consciência

I
Inconsciente pessoal e inconsciente coletivo[1]

É geralmente conhecido o ponto de vista freudiano segundo o qual os conteúdos do inconsciente se reduzem às tendências infantis *reprimidas*, devido à incompatibilidade de seu caráter. A repressão é um processo que se inicia na primeira infância sob a influência moral do ambiente, perdurando através de toda a vida. Mediante a análise, as repressões são abolidas e os desejos reprimidos conscientizados.

De acordo com essa teoria, o inconsciente contém apenas as partes da personalidade que poderiam ser conscientes se a educação não as tivesse reprimido. Mesmo considerando que, sob um determinado ponto de vista, as tendências infantis do inconsciente são preponderantes, seria incorreto definir ou avaliar o inconsciente somente nestes termos. O inconsciente possui, além deste, outro aspecto, incluindo não apenas conteúdos *reprimidos*, mas todo o material psíquico que subjaz ao limiar da consciência. É impossível explicar pelo princípio da repressão a natureza subliminal de todo este material; caso contrário, a remoção das repressões proporcionaria ao indivíduo uma memória fenomenal, à qual nada escaparia.

Acentuamos, portanto, que, além do material reprimido, o inconsciente contém todos aqueles componentes psíquicos subliminais, inclusive as percepções subliminais dos sentidos. Sabemos, além disso, tanto por uma farta experiência como por razões teóricas, que o inconsciente também inclui componentes que ainda não alcançaram

---

1. Este escrito foi impresso pela primeira vez nos *Archives de Psychologie*, sob o título: "La structure de l'inconscient". Em sua forma presente é uma redação ampliada e bastante modificada do texto original, que aparece agora pela primeira vez em língua alemã, na Obra Completa, 7. [Cf. *"A estrutura do inconsciente"* no apêndice deste volume.]

o limiar da consciência. Constituem eles as sementes de futuros conteúdos conscientes. Temos igualmente razões para supor que o inconsciente jamais se acha em repouso, no sentido de permanecer inativo, mas está sempre empenhado em agrupar e reagrupar seus conteúdos. Só em casos patológicos tal atividade pode tornar-se completamente autônoma; de um modo normal ela é coordenada com a consciência, numa relação compensadora.

205 Pode-se afirmar que esses conteúdos são pessoais, na medida em que forem adquiridos durante a existência do indivíduo. Sendo esta última limitada, também deveria ser limitado o número de conteúdos adquiridos e depositados no inconsciente. Se assim fosse, haveria a possibilidade de esgotar o inconsciente mediante a análise ou o inventário exaustivo dos conteúdos inconscientes; isto, se admitíssemos o fato de que o inconsciente não pode produzir algo diferente dos conteúdos já conhecidos e recolhidos pela consciência. Poderíamos também deduzir a possibilidade já mencionada de que, anulando a repressão, impediríamos a descida dos conteúdos psíquicos ao inconsciente, o que estancaria a produtividade deste último. A experiência nos revela que isto só é possível numa proporção muito limitada. Aconselhamos nossos pacientes a reter e assimilar em seu plano de vida os conteúdos reprimidos que foram associados de novo à consciência. Tal processo, no entanto, como verificamos diariamente, não exerce qualquer influência sobre o inconsciente; este continua a produzir tranquilamente sonhos e fantasias, os quais, segundo a teoria original de Freud, deveriam ser motivados por repressões de ordem pessoal. Em tais casos, se prosseguirmos sistematicamente nossas observações, sem preconceitos, depararemo-nos com um material que, embora semelhante aos conteúdos pessoais anteriores, em seu aspecto formal, parece conter indícios de algo que ultrapassa a esfera meramente pessoal.

206 Procurando um exemplo para ilustrar o que acima disse, lembro-me particularmente de uma paciente afetada por uma neurose histérica benigna, cuja causa principal era um "complexo paterno", tal como o chamávamos no princípio deste século. Com isto pretendíamos dizer que a relação peculiar da paciente com seu pai era um obstáculo em seu caminho. Ela vivera em excelentes termos com o pai, que falecera recentemente. Sua relação com ele fora principal-

O eu e o inconsciente 17

mente afetiva. Em casos deste tipo a função intelectual costuma desenvolver-se, transformando-se numa ponte para o mundo. Em conformidade com isto, nossa paciente se dedicou ao estudo da Filosofia. Seu forte impulso de conhecimento era motivado pela necessidade de liberar-se da união afetiva com o pai. Tal operação pode ser bem sucedida se no novo plano fundado pelo intelecto os sentimentos também encontram uma saída, como por exemplo, uma ligação afetiva com um homem adequado, estabelecendo-se assim uma relação equivalente à anterior. Entretanto, no caso em questão a transição não foi bem sucedida, pois os sentimentos da paciente oscilavam entre o pai e um homem não muito apropriado. Em consequência, estancou-se o progresso de sua vida, logo se manifestando a desunião interna característica da neurose. A pessoa assim chamada normal saberia romper o laço afetivo por um lado ou por outro, mediante um enérgico ato de vontade, ou então – e é este talvez o caso mais frequente – transporia inconscientemente a dificuldade, resvalando pelo declive suave do instinto, sem perceber o conflito oculto atrás de dores de cabeça ou outras perturbações físicas. No entanto, qualquer debilidade do instinto (que pode ter muitas causas) é suficiente para impedir uma transição suave e inconsciente. O conflito estanca todo progresso e a detenção da vida que disso resulta é sinônimo de neurose. Em consequência dessa paralisação, a energia psíquica transborda em muitas direções, aparentemente inúteis. Assim, por exemplo, ocorrem inervações excessivas do sistema simpático, que ocasionam desordens nervosas do estômago e dos intestinos; pode haver excitação do vago (e consequentemente do coração); ou então fantasias e lembranças, em si mesmas despidas de interesse, podem ser supervalorizadas, obcecando a consciência (o piolho se torna um elefante!). Em tal situação é preciso que um novo motivo elimine o estancamento mórbido. A própria natureza, inconsciente e indiretamente, prepara o caminho através do fenômeno da transferência (Freud). No decurso do tratamento a paciente transfere a imago paterna para o médico, fazendo-o de certo modo seu pai, mas como ele *não* é o pai, converte-o no substituto do homem que não conseguiu. O médico torna-se então o pai e de certa forma o amado ou, em outras palavras, o objeto do conflito. Nele, se conciliam os contrastes, parecendo oferecer por isso a solução quase ideal do conflito. Assim, sem que o deseje, é supervalorizado pela paciente que o transforma num deus ou salvador, fato insólito para o observador estranho ao processo. Esta metáfora não é tão ridícula como parece. Na realidade é um pouco demais ser pai e amante ao mesmo tempo. Afinal de contas ninguém pode aguentar um exagero por muito tempo. Teria pelo menos de ser um semideus a fim de desempenhar sem lacunas semelhante papel: o de doar constantemente. Para o paciente em estado de transferência esta solução provisória se afigura ideal; mas ao fim de algum tempo ocorre uma nova detenção, que se revela tão má quanto a anterior, decorrente do conflito neurótico. No fundo não se chegou ainda a uma verdadeira solução. O conflito foi apenas transferido. Entretanto, uma transferência bem sucedida pode determinar – pelo menos temporariamente – o desaparecimento da neurose. Por isso foi encarada por Freud, com muito acerto, como um fator curativo de primeira importância; sendo, porém, um estado provisório, embora prometa a possibilidade da cura, está longe de ser a própria cura.

207   Esta discussão prolixa me pareceu essencial para a compreensão do exemplo oferecido; minha paciente chegara ao estado de transferência e já atingira seu limite máximo, momento em que começa a tornar-se desagradável a paralisação. A questão se impunha: e agora? Eu me tornara aos olhos da paciente o salvador ideal e a ideia de renunciar a mim não só a repugnava, como a horrorizava. Em tais situações o assim chamado "bom-senso" comparece com todo o seu repertório de advertências: "você deve simplesmente...", "seria bom...", "você realmente não pode..." etc. Felizmente, como o "bom-senso" não é muito raro e nem de todo ineficaz (embora haja pessimistas, eu sei), um motivo de ordem racional poderá despertar no exuberante sentimento de bem-estar provocado pela transferência, o entusiasmo necessário para enfrentar um sacrifício penoso, mediante um enérgico ato de vontade. Se isto for bem sucedido (o que ocorre às vezes), o sacrifício dá o abençoado fruto e o paciente, como que num salto, fica praticamente curado. O médico se alegra tanto com o fato, que se esquece de abordar as dificuldades teóricas desse pequeno milagre.

208   Se o salto não for bem-sucedido – foi o que ocorreu com minha paciente – temos de defrontar-nos com o problema da liberação da transferência. Neste ponto a teoria "psicoanalítica" se refugia numa densa treva. Parece inevitável ter-se que admitir um nebuloso fatalis-

O eu e o inconsciente   19

mo: o assunto resolver-se-á de um modo ou de outro. "A transferência se desfaz automaticamente quando acaba o dinheiro do paciente", observou certa vez um colega um pouco cínico. Ou então as exigências inexoráveis da vida impossibilitarão o prolongamento desse estado; essas exigências que obrigam ao sacrifício involuntário determinam às vezes uma recaída mais ou menos completa. (É inútil procurar a descrição de tais casos nos livros que glorificam a psicanálise!)

Há casos desesperados em que tudo é em vão; mas há também casos em que o estancamento não ocorre e a transferência se desfaz sem amarguras. Pensei comigo mesmo – no caso da minha paciente – que deveria haver um caminho claro e decente que permitisse a ela sair de tal experiência com integridade e consciência da situação. Há muito se "consumira" o dinheiro da minha paciente (se é que alguma vez o tivera) e era grande a minha curiosidade de saber o modo pelo qual a natureza tomaria um caminho para chegar a uma solução satisfatória. Como nunca me senti senhor desse "bom senso" que sempre sabe exatamente o que fazer nas situações complicadas, sendo esse também o caso da minha paciente, sugeri-lhe que pelo menos prestasse atenção aos sinais oriundos da esfera da psique ainda não contaminada pela nossa intencionalidade e sabedoria superior: em primeiro lugar, aos *sonhos*.

Os sonhos contêm imagens e associações de pensamentos que não criamos através da intenção consciente. Eles aparecem de modo espontâneo, sem nossa intervenção e revelam uma atividade psíquica alheia à nossa vontade arbitrária. O sonho é, portanto, um produto natural e altamente objetivo da psique, do qual podemos esperar indicações ou pelo menos pistas de certas tendências básicas do processo psíquico. Este último, como qualquer outro processo vital, não consiste numa simples sequência causal, sendo também um processo de orientação teleológica. Assim, podemos esperar que os sonhos nos forneçam certos indícios sobre a causalidade objetiva e sobre as tendências objetivas, pois são verdadeiros autorretratos do processo psíquico em curso.

Sobre a base destas reflexões, submetemos os sonhos a um exame minucioso. Seria demais citar aqui todos os sonhos que se seguiram. Basta esboçar seu caráter principal: na maioria se referiam à pessoa do médico, isto é, seus personagens eram evidentemente a própria sonhadora e o médico. Este último raramente aparecia em sua forma natural; em geral era distorcido de um modo estranho: ora sua estatura parecia de dimensão sobrenatural, ora se afigurava um homem extremamente velho, ou ainda se assemelhava a seu pai; às vezes, porém, confundia-se com a natureza de um modo bizarro, como no seguinte sonho: seu pai (que na realidade fora de baixa estatura) estava com ela numa colina coberta de campos de trigo. Ela era muito pequena perto dele, de modo que o pai parecia um gigante. Ele a ergueu do chão, segurando-a nos braços como se fosse uma criança. O vento fazia ondular os campos de trigo, balançando as espigas enquanto ele a embalava do mesmo modo em seus braços.

212   Este sonho e outros semelhantes fizeram-me perceber várias coisas. Antes de tudo tive a impressão de que seu inconsciente continuava firmemente a figurar-me como pai e amado; assim, o laço fatal que tentávamos desfazer parecia ainda mais apertado. Além disso, era inegável que seu inconsciente dava uma ênfase especial ao caráter sobrenatural, quase "divino" do pai e amado, acentuando desse modo, ainda mais, a supervalorização ocasionada pela transferência. Perguntava a mim mesmo se a paciente não compreendera ainda o caráter fantástico de sua transferência, ou se tal compreensão jamais alcançaria seu inconsciente, uma vez que este continuava a perseguir cega e idiotamente uma absurda quimera. A ideia de Freud de que o inconsciente "só sabe desejar", a vontade originária cega e sem objetivo de Schopenhauer, o demiurgo gnóstico em sua vaidade de acreditar-se perfeito –, mas criando na cegueira de sua limitação coisas lamentavelmente imperfeitas –, todas estas conjeturas pessimistas de um fundamento essencialmente negativo do mundo e da alma me acenavam de modo ameaçador. Diante disto nada a opor senão um bem intencionado "deverias", reforçado por um golpe de machado que derrubasse de uma vez por todas essa fantasmagoria.

213   Refletindo de novo, detalhadamente, sobre esses sonhos ocorreu-me outra possibilidade. Disse comigo mesmo: é evidente que os sonhos continuam a expressar-se através das mesmas metáforas, tão conhecidas pela paciente e por mim, uma vez que são usuais em nossas conversas. A paciente compreende sem dúvida alguma o fantástico de sua transferência. Sabe que me vê como pai e amado semidivino e, pelo menos intelectualmente, distingue tal fantasia de minha

O eu e o inconsciente

realidade efetiva. Assim, os sonhos repetem o ponto de vista consciente, mas sem a crítica consciente que eles ignoram por completo. Repetem os conteúdos conscientes, não em sua totalidade, insistindo sobre o ponto de vista fantástico, contra o "senso comum".

Eu perguntava a mim mesmo: qual a fonte dessa obstinação e qual o seu propósito? Estava convencido de que devia ter algum sentido finalístico, uma vez que nada de verdadeiramente vivo carece de uma finalidade, ou pode ser explicado como um mero resíduo de fatos anteriores. A energia da transferência, porém, é tão forte, que dá a impressão de ser um instinto vital. Assim sendo, qual é o propósito de tais fantasias? Um exame e análise cuidadosos dos sonhos, em especial daquele que citamos, revelam uma tendência muito acentuada de dotar a pessoa do médico – contra a crítica consciente que o reduziria às proporções humanas – de atributos sobre-humanos: como se fosse um gigante, de uma era primordial, maior do que o pai, semelhante ao vento que passa impetuosamente sobre a terra. Tratar-se-ia, pois, de convertê-lo num deus! Mas não poderia ser o contrário? Pensei: talvez o inconsciente esteja tentando criar um deus, apoiando-se na pessoa do médico, a fim de libertar a concepção de deus dos invólucros de uma instância pessoal. Dessa forma, a transferência realizada na pessoa do médico não passaria de um equívoco da consciência, de uma brincadeira estúpida do "senso comum". Ou então o impulso do inconsciente estaria tentando, só na aparência, alcançar uma pessoa, tratando-se no fundo da busca de um deus? Acaso a nostalgia de um deus poderia ser uma *paixão*, manando de uma natureza obscura e instintiva, uma paixão intocada por quaisquer influências externas, talvez mais profunda e forte do que o amor por um ser humano? Quem sabe seria este o sentido mais intenso e profundo desse amor inadequado, que se chama transferência? Um pouco do verdadeiro *"Gottesminne"* (amor divino), que desapareceu da nossa consciência desde o século XV?

Ninguém duvida da realidade de uma ânsia amorosa por um ser humano; mas que um fragmento de psicologia da religião, um anacronismo histórico, algo assim como uma curiosidade medieval – lembremo-nos de Mechthild von Magdeburg – possa vir à luz a modo de uma realidade viva e imediata numa sala de análise, expressando-se na figura prosaica do médico, isto parece fantástico demais para ser tomado a sério.

216 Uma atitude verdadeiramente científica deve ser livre de preconceitos. O único critério de validez de uma hipótese é seu valor heurístico, isto é, explicativo. Propõe-se aqui a questão: podem ser consideradas válidas como hipóteses as possibilidades acima expostas? *A priori* nada impede de pensar na possibilidade de que as tendências inconscientes tenham um objetivo situado além da pessoa humana, assim como também é possível imaginar que o inconsciente "só sabe desejar". Apenas a experiência decidirá qual das hipóteses é a mais adequada.

217 Esta nova hipótese não pareceu muito plausível à minha paciente, cujo espírito crítico era apreciável. A primeira interpretação, de que eu era seu pai e amado e, como tal, representava uma solução ideal do conflito, era muito mais atraente segundo seu modo de sentir. No entanto, seu intelecto era suficientemente lúcido para apreciar a possibilidade teórica da nova hipótese. Neste meio tempo os sonhos continuavam a dissolver cada vez mais a pessoa do médico. Paralelamente ocorria algo que de início só eu pude perceber, com grande surpresa: uma espécie de erosão subterrânea da transferência. Suas relações com um amigo começaram a aprofundar-se perceptivelmente, se bem que ao nível da consciência ela continuasse vinculada à transferência. Foi assim que ao chegar a hora de deixar-me não houve catástrofe, mas uma despedida razoável. Tive o privilégio de ser o único espectador do processo de liberação. Vi como se desenvolve um núcleo normativo suprapessoal, por assim dizer, que exerce uma *função diretora* e como, pouco a pouco, transfere para si próprio as supervalorizações pessoais anteriores e o modo pelo qual este afluxo de energia exerce uma influência crescente sobre a consciência que lhe resistia. Ao nível da consciência, a paciente não percebeu o desenrolar do processo. Reconheci, por meu lado, que os sonhos não eram meras fantasias, mas autorrepresentações de desenvolvimentos inconscientes, os quais permitiam a expansão gradual da psique da paciente, além da ligação pessoal inadequada[2].

---

2. Cf. Função transcendente In: JUNG, C.G. *Tipos psicológicos*. Zurique: Rascher, 1921 [OC, 6; § 908, sv. "símbolo"].

O eu e o inconsciente 23

Como indiquei, esta transformação se processou através do de- 218
senvolvimento inconsciente de um núcleo normativo suprapessoal;
um objetivo virtual, por assim dizer, que se exprimia simbolicamente
sob uma forma que só podemos descrever como uma visão de Deus.
Os sonhos deformavam a pessoa do médico, até a proporção de um
super-homem, transformando-o num pai gigantesco e primordial,
que era ao mesmo tempo o vento e em cujos braços a sonhadora re-
pousava como uma criança. Se quisermos responsabilizar a consciência da paciente (cristã por tradição) pela imagem divina aparecida em
sonhos, teremos que acentuar a desfiguração. Em matéria religiosa, a
paciente mantinha uma atitude crítica e agnóstica e a ideia de uma
deidade possível há muito passara para o reino do inconcebível, isto
é, da abstração completa. Em contraposição a isto, a imagem divina
dos sonhos correspondia à concepção arcaica de um *daimon da natureza*, talvez um Wotan. Θεὸς τὸ πνεῦμα, "Deus é espírito", podia então ser traduzido em sua forma originária, πνεῦμα, significando
"vento". Deus é o vento, mais forte e poderoso do que o homem, é
um ente constituído por um alento invisível. De modo semelhante,
em hebraico *ruah* e em árabe *ruh* significam alento e espírito[3]. Os sonhos ultrapassavam uma forma puramente pessoal de Deus e manifestavam uma imagem divina arcaica muito distante da ideia consciente de Deus. Poder-se-ia objetar que isto não passa de uma imagem infantil, uma lembrança da infância. Eu não faria objeção a esta
hipótese se se tratasse de um velho sentado em trono de ouro, no céu.
Mas no sonho em questão não havia qualquer sentimentalidade desta
espécie e sim uma concepção primitiva que só pode corresponder à
mentalidade arcaica. Tais concepções primitivas, das quais citei numerosos exemplos em meu livro *Wandlungen und Symbole der Libido* (Transformações e símbolos da libido) induzem-nos a fazer uma
distinção, no que se refere ao material inconsciente, muito diversa
daquela que fazemos entre "pré-consciente" e "inconsciente", ou
"subconsciente" e "inconsciente". Não discutiremos a exatidão destas distinções. Elas têm um valor bem definido e merecem ser esclarecidas posteriormente, como pontos de vista. A diferenciação que a
experiência me impôs apenas reivindica para si o valor de mais um

---

3. Índice detalhado em: *Wandlungen und Symbole der Libido*. Op. cit. Cf. sv. "vento".

ponto de vista. Do que já dissemos até aqui se tornou clara a distinção, no inconsciente, de uma camada que poderíamos chamar de *inconsciente pessoal*. Os materiais contidos nesta camada são de natureza pessoal porque se caracterizam, em parte, por aquisições derivadas da vida individual e em parte por fatores psicológicos, que também poderiam ser conscientes. É fácil compreender que elementos psicológicos incompatíveis são submetidos à repressão, tornando-se por isso inconscientes; mas por outro lado há sempre a possibilidade de tornar conscientes os conteúdos reprimidos e mantê-los na consciência, uma vez que tenham sido reconhecidos. Os *conteúdos* inconscientes são de natureza *pessoal* quando podemos reconhecer em nosso passado seus efeitos, sua manifestação parcial, ou ainda sua origem específica. São partes integrantes da personalidade, pertencem a seu inventário e sua perda produziria na consciência, de um modo ou de outro, uma inferioridade. A natureza desta inferioridade não seria psicológica como no caso de uma mutilação orgânica ou de um defeito de nascença, mas o *de uma omissão que geraria um ressentimento moral*. O sentimento de uma inferioridade moral indica sempre que o elemento ausente é algo que não deveria faltar em relação ao sentimento ou, em outras palavras, representa algo que deveria ser conscientizado se nos déssemos a esse trabalho. O sentimento de inferioridade moral não provém de uma colisão com a lei moral geralmente aceita e de certo modo arbitrária, mas de um conflito com o próprio *si-mesmo* (*Selbst*) que, por razões de equilíbrio psíquico, exige que o déficit seja compensado. Sempre que se manifesta um sentimento de inferioridade moral, aparece a necessidade de assimilar uma parte inconsciente e também a possibilidade de fazê-lo. Afinal são as qualidades morais de um ser humano que o obrigam a assimilar seu *si-mesmo* inconsciente, mantendo-se consciente, quer pelo reconhecimento da necessidade de fazê-lo, quer indiretamente, através de uma penosa neurose. Quem progredir no caminho da realização do *si-mesmo* inconsciente trará inevitavelmente à consciência conteúdos do inconsciente pessoal, ampliando o âmbito de sua personalidade. Poderia acrescentar que esta "ampliação" se refere, em primeiro lugar, à consciência moral, ao autoconhecimento, pois os conteúdos do inconsciente liberados e conscientizados pela análise são em geral desagradáveis e por isso mesmo foram reprimidos. Figu-

O eu e o inconsciente   25

ram entre eles desejos, lembranças, tendências, planos etc. Tais conteúdos equivalem aos que são trazidos à luz pela confissão de um modo mais limitado. O restante, em regra geral, aparece mediante a análise dos sonhos. É muito interessante observar como às vezes os sonhos fazem emergir os pontos essenciais, um a um, em perfeita ordem. Todo esse material acrescentado à consciência determina uma considerável ampliação do horizonte, um aprofundamento do autoconhecimento e, principalmente, humaniza o indivíduo, tornando-o modesto. Entretanto, o autoconhecimento, considerado pelos sábios como o melhor e o mais eficaz para o homem, produz diferentes efeitos sobre os diversos caracteres. Assim o demonstram as descobertas notáveis que se faz na análise prática. Tratarei desta questão no capítulo seguinte.

Como demonstra o exemplo que apresentei acerca da ideia arcaica de Deus, o inconsciente parece conter outras coisas além das aquisições e elementos pessoais. Minha paciente desconhecia a derivação da palavra "espírito" de "vento" e o paralelismo de ambas. Tal conteúdo não fora produzido por seu intelecto, nem jamais ouvira algo sobre isso. A passagem do Novo Testamento – τὸ πνεῦμα πνεῖ ὅπου Θέλει – era-lhe desconhecida, pois não lia o grego. Na hipótese de tratar-se de uma aquisição pessoal, poder-se-ia considerar a eventualidade de um caso de *criptomnésia*[4], memória inconsciente de um pensamento que a sonhadora tivesse lido em alguma parte. Nada tenho a opor contra esta possibilidade, no caso citado; mas já vi um número suficiente de casos – muitos dos quais podem ser encontrados no meu livro já mencionado –, nos quais a possibilidade da criptomnésia deve ser excluída com toda a certeza. Mas mesmo que se tratasse de um caso de criptomnésia (o que me parece muito improvável), teríamos de explicar que predisposição determinara a fixação dessa imagem para ser mais tarde "ecforizada", produzida (Semon). De qualquer modo, quer se trate ou não de criptomnésia, surge no inconsciente de uma pessoa civilizada uma imagem divina autêntica e primitiva, produzindo um efeito vivo, que poderia dar o que pensar a

219

---

4. Cf. FLOURNOY, T. *Des Indes à la planète Mars*: Étude sur un cas de somnambulisme avec glossolalie. 3. ed. Paris/Genebra: [s.e.], 1900. • JUNG, C.G. "Sobre a psicologia e patolohia dis fenômenos chamados ocultos". Op. cit., p. 110s. [OC, 1; §138s.].

um psicólogo da religião. Nessa imagem nada há que possa ser considerado "pessoal"; *trata-se de uma imagem totalmente coletiva*, cuja existência étnica há muito é conhecida. Trata-se de uma imagem histórica que se propagou universalmente e irrompe de novo na existência através de uma função psíquica natural. Mas isto não é de se estranhar, uma vez que minha paciente veio ao mundo com um cérebro humano cujas funções continuam a ser as mesmas que entre os antigos germanos. É o caso de um *arquétipo* reativado, nome com que designei estas imagens primordiais[5]. Mediante a forma primitiva e analógica do pensamento peculiar aos sonhos, essas imagens arcaicas são restituídas à vida. Não se trata de ideias inatas, mas de caminhos virtuais herdados[6].

220 Diante destes fatos devemos afirmar que o inconsciente contém, não só componentes de ordem pessoal, mas também impessoal, coletiva, sob a forma de *categorias herdadas*[7] ou arquétipos. Já propus antes a hipótese de que o inconsciente, em seus níveis mais profundos, possui conteúdos coletivos em estado relativamente ativo; por isso o designei *inconsciente coletivo*.

---

5. Cf. Tipos psicológicos. Op. cit. [OC, 6; Definições, sv. "imagem"].

6. A objeção apresentada contra minha opinião, qualificando-a de "mística e fantástica", não tem, pois, razão de ser.

7. HUBERT, H. & MAUSS, M. *Mélanges d'histoire des religions*. Paris: [s.e.], 1909, p. XXIX.

II
Fenômenos resultantes da assimilação do inconsciente

O processo de assimilação do inconsciente produz fenômenos dignos de nota: alguns pacientes adquirem uma consciência de si mesmos ou uma autoconfiança exageradas e até mesmo desagradáveis; não há o que não saibam, é como se estivessem a par de tudo que se relaciona com o próprio inconsciente, acreditando reconhecer tudo que dele emerge. A cada sessão aumenta seu sentimento de superioridade em relação ao médico. Outros, pelo contrário, sentem-se deprimidos, e mesmo esmagados pelos conteúdos do inconsciente. Sua autoconfiança diminui e olham resignados as coisas extraordinárias que o inconsciente produz. A primeira espécie de pacientes, na exuberância de sua autoconfiança, assume uma responsabilidade diante do inconsciente, que vai longe demais, além dos limites razoáveis; os outros abandonam toda responsabilidade, numa verificação oprimente da impotência do ego contra o destino que o domina através do inconsciente.

Se analisarmos estes dois modos extremos de reação, descobriremos que atrás da autoconfiança otimista dos primeiros se oculta um desamparo intenso, ou um muito mais intenso, em relação ao qual o otimismo consciente atua como uma compensação malograda. E atrás da resignação pessimista dos outros há uma obstinada vontade de poder que ultrapassa, no que concerne à segurança, o otimismo consciente dos primeiros.

Com estes dois modos de reação só esbocei os tipos extremos. A matização sutil das duas atitudes aproximar-se-ia mais da realidade. Como já disse em outra parte, cada analisando começa abusando inconscientemente do conhecimento recém-adquirido, em proveito de sua atitude anormal e neurótica, a não ser que já tenha se livrado dos sintomas no período inicial, podendo então prescindir do tratamento. Um fator importante desse primeiro período é que tudo ainda é empreendido ao *nível do objeto*, isto é, sem que haja distinção entre imago e objeto, de modo que tudo é relacionado diretamente com este último. Para os que têm os "outros" como objeto de preferência, de todo autoconhecimento que puderam absorver neste período da análise, concluirão: "Ah, os outros são assim!" Segundo seu modo de ser, tolerante ou intolerante, acreditar-se-ão obrigados a iluminar o mundo. O outro tipo humano, que se sente mais como objeto de seus semelhantes do que como sujeito, carregará o peso desse autoconhecimento e ficará deprimido. (Deixo de lado os inúmeros casos de pessoas cuja natureza superficial experimenta tais problemas só de passagem.) Entretanto, em ambos os casos, ocorre uma intensificação da relação com o objeto, ativa no primeiro, reativa no segundo. O fator coletivo se acentua nitidamente. O primeiro tipo estende sua esfera de ação, o segundo, a esfera do sofrimento.

224   Adler empregou a expressão "semelhança a Deus" para caracterizar certos traços fundamentais da psicologia neurótica do poder. Ao tomar emprestada a mesma ideia ao *Fausto* de Goethe, faço-o mais no sentido daquela conhecida passagem em que Mefistófeles escreve[1] este aparte no álbum do estudante:

> "Segue o velho conselho
> de minha tia, a Serpente.
> Tua semelhança a Deus
> te deixará todo tremente"[2].

Essa semelhança a Deus se refere, é claro, ao conhecimento do bem e do mal. A análise e a transformação dos conteúdos inconscientes engendra uma espécie de tolerância superior, graças à qual as partes relativamente indigestas da caracterologia inconsciente podem ser aceitas. Tal tolerância pode parecer muito sábia e "*superior*", mas muitas vezes não passa de um belo gesto, que desencadeia uma série

---

1. "*Eritis sicut Deus, scientes bonum et malum*".
2. Fausto I, 4ª cena.

de consequências. Duas esferas, antes cuidadosamente separadas, foram aproximadas. Depois de consideráveis resistências realizou-se com sucesso a união dos opostos, pelo menos aparentemente. A compreensão mais profunda obtida desse modo, a justaposição do que antes estava separado (e daí a aparente superação do conflito moral), dá lugar a um sentimento de superioridade que pode muito bem expressar-se como "semelhança a Deus". Entretanto esta justaposição de bem e mal pode provocar diversos efeitos, de acordo com os diferentes temperamentos. Nem todos se sentirão como super-homens, segurando nas mãos os pratos da balança do bem e do mal. Há os que se sentem como um objeto desamparado entre o martelo e a bigorna; não como Héracles na encruzilhada dos caminhos, mas como um barco sem leme entre Scila e Caribdis. Sem perceber, acha-se preso talvez no maior e mais antigo dos conflitos humanos, experimentando as angústias dos eternos princípios em colisão. Poderá sentir-se como um Prometeu acorrentado no Cáucaso ou como um crucificado. Isto representaria uma "semelhança a Deus" no sofrimento. Semelhança a Deus não é certamente um conceito científico, ainda que exprima com acerto fatos psicológicos. Nem imagino que todo leitor compreenda imediatamente o peculiar estado de espírito implicado nessa "semelhança a Deus". Tal termo parece pertencer apenas à esfera literária. Acho melhor, portanto, tentar uma descrição mais circunscrita de tal estado. A visão ganha pelo analisando mostra-lhe o que antes fora inconsciente. Naturalmente, ele dirige tal conhecimento a seu ambiente, vendo ou acreditando ver muitas coisas que antes eram invisíveis. Como esse conhecimento o ajudou, presume que também será útil para os outros. Torna-se facilmente arrogante e embora sua intenção seja boa, nem por isso deixará de ser aborrecido para os outros. Sente-se o dono de uma chave que abre muitas portas, e talvez todas! A própria "psicanálise" sofre desta inconsciência ingênua de seus limites, o que se pode ver, por exemplo, no seu modo de interpretar as obras de arte.

Uma vez que a natureza humana não é constituída apenas de pura luz, mas também de muita sombra, as revelações obtidas pela análise prática são às vezes penosas e tanto mais penosas (como é geralmente o caso) quanto mais se negligenciou, antes, o lado oposto. Há pessoas que se abalam excessivamente com essa descoberta, esquecendo que não são as únicas a possuírem um lado sombrio. Entregam-se a uma depressão exagerada e começam a duvidar de tudo em si mesmas, nada lhes parecendo correto. Este é o motivo pelo qual excelentes analistas, cujas ideias são muito procedentes, nunca se resolvem a publicá-las, uma vez que o problema psíquico abordado se lhes afigura tão vasto, a ponto de julgarem impossível abarcá-los cientificamente. Enquanto o otimismo de alguns os torna presunçosos, o pessimismo de outros os torna excessivamente tímidos e desanimados. Estas são as formas do grande conflito, em escala reduzida. Entretanto, mesmo em suas pequenas proporções, a essência do conflito é facilmente identificável: a presunção de um e a pusilanimidade do outro participam da mesma *insegurança no que concerne a seus limites*. O primeiro se infla exageradamente, enquanto o outro se reduz em demasia. Ambos não reconhecem seus limites individuais, de um modo ou de outro. Se considerarmos o fato de que, como consequência da compensação psíquica, a grande humildade se aproxima demais do orgulho e "o orgulho precede a queda", descobriremos facilmente, atrás da presunção, certos traços de um temeroso sentimento de inferioridade. Com efeito, podemos ver com nitidez como a falta de segurança induz o exaltado a apregoar suas verdades, de cuja validez ele é o primeiro a duvidar; fazendo prosélitos, estes poderiam talvez provar-lhe o valor e a exatidão de suas próprias convicções. Além disso, não se sente a gosto na abundância de seus conhecimentos, ao ficar só; sente-se isolado e o medo de ser abandonado o impele a propagar suas opiniões e interpretações, a propósito e sem ele, porquanto, só convencendo alguém, se sente a salvo das dúvidas corrosivas.

226   Sucede o contrário com o tímido! Quanto mais se retira e se esconde, tanto maior se torna o desejo secreto de ser compreendido e reconhecido. Embora fale de sua inferioridade, no fundo não acredita nela. Brota de seu íntimo uma convicção obstinada de seus méritos não reconhecidos e isto o torna vulnerável à menor desaprovação, emprestando-lhe esse ar contrariado dos que são incompreendidos e lesados em suas justas pretensões. Deste modo, vai alimentando um orgulho mórbido e um descontentamento arrogante, cuja existência nega por todos os meios, mas pelos quais aqueles que o cercam têm que pagar muito caro.

227   Esses dois tipos humanos são, ao mesmo tempo, grandes e pequenos em demasia; sua medida média individual, que nunca é muito

O eu e o inconsciente   31

segura, tende a tornar-se cada vez mais vacilante. Parece grotesco descrever tais estados como "semelhantes a Deus". Mas como ambos, a seu modo, ultrapassam as proporções humanas, possuem algo de "sobre-humano", podendo ser expressos figuradamente como "semelhantes a Deus". Se quisermos evitar o emprego desta metáfora, poderíamos falar de *inflação psíquica*. Tal definição me parece correta, pois o estado a que nos referimos envolve uma "expansão da personalidade" além dos limites individuais ou, em outras palavras, uma *presunção*. Em tal estado, a pessoa ocupa um espaço que normalmente não pode preencher. Isto só seria possível se ela se apoderasse de conteúdos e qualidades autônomos e que por isso mesmo ultrapassam seus limites. O que nos ultrapassa pertence a outro, a todos ou a ninguém. Como a inflação psíquica não é um fenômeno provocado exclusivamente pela análise, ocorrendo com a mesma frequência na vida cotidiana, podemos investigá-lo em outros casos. Um exemplo comum é o da identidade destituída de humor, que muitos homens estabelecem com sua ocupação ou seus títulos. O cargo que ocupo representa certamente minha atividade particular; mas é também um fator coletivo, historicamente condicionado pela cooperação de muitos e cuja dignidade depende da aprovação coletiva. Portanto, se me identificar com meu cargo ou título, me comportarei como se fosse o conjunto complexo de fatores sociais que tal cargo representa, ou como se eu não fosse apenas o detentor do cargo, mas também, simultaneamente, a aprovação da sociedade. Dessa forma me expando exageradamente, usurpando qualidades que não são minhas, mas estão fora de mim. "*L'état, c'est moi*", é o lema de tais pessoas.

O conhecimento também produz uma inflação semelhante, em princípio, mas muito mais sutil do ponto de vista psicológico. Neste caso não se trata da dignidade de um cargo, mas de fantasias extremamente significativas. Tentarei explicar esta afirmação através de um exemplo prático, escolhendo o caso de um doente mental que conheci pessoalmente, mencionado também num trabalho de Maeder[3]. Este caso se caracterizou por uma inflação muito acentuada. Nas do-

228

---

3. MAEDER, A. Psychologische Untersuchungen an Dementia Praecox-Kranken. *Jahrbuch für psychoanalytische u. psychopathologische Forschungen*, Vol. II, 1910. Leipzig/Viena, p. 209s.

enças mentais constatamos, sob uma forma grave e intensa, certos fenômenos que podem aparecer episodicamente nos indivíduos normais[4]. O paciente ao qual nos referimos sofria de demência paranoica, com mania de grandeza. Mantinha ligação "telefônica" com a mãe de Deus e com outras grandes figuras. Na vida real era um pobre aprendiz de serralheiro; enlouquecera de modo incurável aos dezenove anos de idade. Nunca fora muito inteligente, mas tivera uma grandiosa ideia entre outras: *o mundo era seu livro de imagens e podia folheá-lo à vontade*. Era muito simples, bastava virar-se para outro lado e estava diante de uma nova página.

229   É a versão simples, primitiva e concreta do "Mundo como Vontade e Representação" de Schopenhauer. Ideia comovedora, nascida de uma solidão extrema e de uma total alienação frente ao mundo, manifestada, no entanto, de um modo tão simples e ingênuo, que de início pode provocar o riso por sua estranheza. No entanto, este modo primitivo de ver as coisas subjaz no fundamento da magnífica visão do mundo de Schopenhauer. Só um gênio ou um louco pode desligar-se suficientemente dos vínculos da realidade, a ponto de ver o mundo como seu livro de imagens. Será que o doente elaborou ou construiu tal concepção ou esta lhe ocorreu por acaso? Terá sucumbido a essa visão? Esta última alternativa pode ser corroborada por seu estado de desintegração patológica e por sua inflação. Não é mais *ele* quem pensa e fala, mas *algo* pensa e fala dentro dele: por isso ouve vozes. Assim, a diferença que o separa de Schopenhauer reside no fato de que, nele, a visão permaneceu no estádio de um mero produto espontâneo, ao passo que Schopenhauer soube abstraí-la, exprimindo-a numa linguagem de validade universal. Deste modo, elevou-a do estado inicial subterrâneo à clara luz da consciência coletiva. Seria um erro total afirmar que a visão do paciente possui apenas

---

4. Sendo eu ainda médico na Clínica Psiquiátrica de Zurique, acompanhei certa vez uma pessoa leiga, mas inteligente, pelos diversos departamentos de enfermos. Tal pessoa nunca vira antes, por dentro, um manicômio. Quando terminamos a visita, exclamou: "Mas escute, isto é a cidade de Zurique em miniatura! É a quintessência de sua população. Parece que aqui se reuniram todos os tipos que encontramos diariamente nas ruas, em seus exemplares clássicos! Gente bizarra, exemplares típicos de todas as alturas e profundidades!" Eu nunca pensara no caso sob tal ponto de vista, mas acredito que o visitante tinha razão em grande parte.

um caráter ou *valor meramente pessoal*, como algo que lhe pertencesse. Se assim fosse, seria um filósofo. Entretanto, filósofo ou gênio é precisamente aquele que consegue transmudar uma visão primitiva e natural numa ideia abstrata, que pertence ao patrimônio geral da consciência. Esta realização e somente ela constitui seu *valor pessoal*, cujo reconhecimento não o fará sucumbir inevitavelmente à inflação psíquica. A visão do paciente é um *valor impessoal* surgido naturalmente, contra o qual ele não pôde defender-se e que o engoliu e "transportou" para fora do mundo. A inegável grandeza da visão inflou-o até proporções patológicas, sem que ele pudesse apropriar-se da ideia, transformando-a numa concepção filosófica do mundo. O valor pessoal reside na realização filosófica e não na visão primária. O filósofo citado também teve essa visão, como incremento, procedente do patrimônio geral da humanidade do qual, em princípio, todos nós partilhamos. As maçãs de ouro caem da mesma árvore, quer sejam colhidas pelo insano aprendiz de serralheiro ou por Schopenhauer.

Este exemplo ainda nos ensina outra coisa: os conteúdos psíquicos transpessoais não são inertes ou mortos e, portanto, não podem ser manipulados à vontade. São entidades vivas que exercem sua força de atração sobre a consciência. A identificação com o próprio cargo ou título pode ser muito tentadora, mas é o motivo pelo qual tantas pessoas não são mais do que a dignidade a elas concedida pela sociedade. Procuraríamos em vão uma personalidade atrás da casca. Sob o envoltório pomposo encontraríamos um homenzinho deplorável. O cargo ou qualquer tipo de casca exterior exerce um grande fascínio, porque representa uma fácil compensação das deficiências pessoais. 230

Entretanto, a inflação não é provocada apenas por atrações exteriores tais como títulos, cargos, ou outras regalias sociais. Estas constituem os fatores impessoais externos, na sociedade e na consciência coletiva. Mas assim como além do indivíduo há uma sociedade, do mesmo modo além da psique pessoal há uma psique coletiva: o inconsciente coletivo, que encerra, como vimos no exemplo citado, fatores não menos atrativos. Por conseguinte, do mesmo modo que um homem pode ser fascinado de repente pelo mundo de sua dignidade profissional (*"Messieurs, à présent je suis Roy"*), outro pode desaparecer com a mesma rapidez diante de uma daquelas poderosas imagens que transformam a face do mundo. Referimo-nos às mágicas 231 "*représentations collectives*", que estão à base do "slogan" dos americanos, do chavão e, num nível mais alto, da linguagem do poeta e do místico. Lembro-me a propósito de um doente mental que não era poeta, nem um ser de exceção, mas simplesmente um jovem quieto e passional. Apaixonara-se por uma jovem e, como não raro acontece, se esquecera de averiguar se seu amor era correspondido. Sua primitiva "*participation mystique*" o convencera de que suas emoções eram partilhadas pela moça, tal como sucede frequentemente nos níveis inferiores da psicologia humana. Construiu então uma fantasia amorosa exaltada, que desmoronou assim que a jovem se negou a prestar-lhe atenção. Desesperado, decidiu afogar-se. Era tarde, as águas do rio refletiam as estrelas cintilantes. Ele acreditou que elas flutuavam, aos pares, rio abaixo. Uma sensação prodigiosa se apoderou de sua alma. Esquecendo-se das intenções suicidas, contemplou fascinado a cena estranha e encantadora. Pouco a pouco lhe pareceu cada estrela um rosto e todos os pares eram amantes estreitamente abraçados, que passavam como que num sonho. Foi então assaltado por uma nova compreensão das coisas: tudo mudara, seu destino, sua decepção, e mesmo o amor que antes sentira amorteceu. A lembrança da jovem foi-se apagando cada vez mais. Em seu lugar ele sentiu nitidamente que uma riqueza indizível lhe era prometida. Sabia que ali perto um tesouro imenso estava escondido no Observatório astronômico. Às quatro horas da manhã foi detido pela polícia, no momento em que tentava arrombar a porta do Observatório.

232   O que lhe sucedera? Sua pobre cabeça deparara, num relance, com um quadro digno da poesia de Dante, beleza que não teria compreendido sob a forma de um poema. Mas ele a viu e essa visão o transformou. A grande dor que o ferira parecia agora distante; um mundo de estrelas, novo e inesperado, traçando caminhos silenciosos, tão longe da terra dolorosa, se descortinara a seus olhos, no momento em que pensara cruzar a "fronteira de Proserpina". A intuição de uma riqueza inaudita (quem seria insensível a tal pensamento?) atingiu-o como uma revelação divina. Foi demais para sua pobre cabeça. Embora não se tenha afogado no rio, afogou-se numa imagem eterna, cuja beleza se desvaneceu com ele.

233   Assim como alguns desaparecem em seu papel social, outros podem ser tragados por uma visão interna, afastando-se definitivamen-

O eu e o inconsciente   35

te de seus semelhantes. Muitas transformações inexplicáveis da personalidade, tais como conversões repentinas ou outras mudanças profundas da mente são devidas ao fascínio de uma imagem coletiva[5]; esta última, como demonstra o exemplo citado, pode engendrar uma inflação intensa, a ponto de desintegrar a personalidade. Tal desintegração constitui uma doença mental de natureza passageira ou permanente: é uma "cisão da mente" ou "esquizofrenia" (Bleuler)[6]. A inflação patológica depende naturalmente de alguma fraqueza da personalidade, diante da autonomia dos conteúdos do inconsciente coletivo.

Aproximar-nos-emos mais da verdade se pensarmos que nossa   234
psique consciente e pessoal repousa sobre a ampla base de uma disposição psíquica herdada e universal, cuja natureza é inconsciente; a relação da psique pessoal com a psique coletiva corresponde, mais ou menos, à relação do indivíduo com a sociedade.

Do mesmo modo que o indivíduo não é apenas um er singular e   235
separado, mas também um *ser social*, a psique humana também não é algo de isolado e totalmente individual, mas também um fenômeno coletivo. E assim como certas funções sociais ou instintos se opõem aos interesses dos indivíduos particulares, do mesmo modo a psique humana é dotada de certas funções ou tendências que, devido à sua natureza coletiva, se opõem às necessidades individuais. Isto se deve ao fato do homem nascer com um cérebro altamente diferenciado, que o dota de uma ampla faixa de funções mentais possíveis; estas não foram adquiridas ontogeneticamente, nem foram por ele desenvolvidas. Na medida em que os cérebros humanos são uniformemente diferenciados, nessa mesma medida a função mental possibilitada é coletiva e universal. Assim é que se explica o fato de que os processos inconscientes dos povos e raças, separados no tempo e no espaço, apresentem uma correspondência impressionante, que se manifesta, entre outras coisas, pela semelhança fartamente confirmada de temas

---

5. Cf. *Tipos psicológicos*. Op. cit. [OC, 6; Definições sv. "imagem"]. Léon Daudet, em seu livro *L'Hérédo* (Paris: [s.e.], 1916), chama este processo de "autofécondation intérieure", entendendo por isto a reanimação da alma de um antepassado.

6. BLEULER, E. "Dementia Praecox oder Gruppe der Schizophrenien". *Handbuch der Psychiatrie*, 1911. Leipzig/Viena.

e formas mitológicas autóctones. A semelhança universal dos cérebros determina a possibilidade universal de uma função mental similar. Esta função é a psique coletiva. Na medida em que há diferenciações correspondentes à raça, tribo ou mesmo à família, também há uma psique coletiva que pertence à raça, tribo e família, além de uma psique coletiva "universal". Empregando uma expressão de Janet[7], a psique coletiva compreende as *"parties inférieures"* das funções psíquicas, isto é, a parte solidamente fundada, herdada e que, por assim dizer, funciona automaticamente, sempre presente ao nível impessoal ou suprapessoal da psique individual. Quanto ao consciente e inconsciente pessoais, podemos dizer que constituem as *"parties supérieures"* das funções psíquicas, isto é, a parte adquirida e desenvolvida ontogeneticamente. Por conseguinte, o indivíduo que incorporar *a priori* e inconscientemente a psique coletiva preexistente, a seu próprio patrimônio ontogenético, como se a primeira fosse parte deste último, estenderá de modo ilegítimo os limites de sua personalidade, com as consequências correspondentes. Pelo fato da psique coletiva compreender as *"parties inférieures"* das funções psíquicas, constituindo a base da personalidade, poderá esmagar e desvalorizar a personalidade; tal ocorrência se manifesta na inflação, que sufoca a autoconfiança ou intensifica a importância do ego, levando-o eventualmente a uma patológica vontade de poder.

236   Trazendo o inconsciente pessoal à consciência, a análise torna o indivíduo consciente de coisas que, em geral, já conhecia nos outros, mas não em si mesmo. Tal descoberta o torna menos original e mais *coletivo*. Tal fato nem sempre é um mal, podendo conduzir para o lado bom. Há pessoas que reprimem suas boas qualidades e, conscientemente, dão livre curso a seus desejos infantis. A anulação das repressões pessoais traz à consciência, em primeiro lugar, conteúdos meramente pessoais; entretanto, já estão aderidos a esses conteúdos elementos coletivos do inconsciente, os instintos gerais, qualidades e ideias (imagens), assim como frações "estatísticas" de virtudes ou vícios em sua proporção média: "Cada um tem em si algo do criminoso, do gênio e do santo". Assim se compõe uma imagem viva, contendo tudo

---

7. JANET, P. *Névroses et idées fixes*. 2. ed. 2 vols. Paris: [s.e.], 1904/1908.

O eu e o inconsciente 37

o que se move sobre o tabuleiro de xadrez do mundo: o bom e o mau, o belo e o feio. Pouco a pouco vai se estabelecendo um sentimento de solidariedade com o mundo, julgado por muitos como algo de positivo e representando, em certos casos, um fator decisivo no tratamento das neuroses. Presenciei alguns casos de enfermos que, nesta situação, conseguiram inspirar e sentir amor pela primeira vez na vida, ou então ousaram pular no desconhecido, encontrando o destino que lhes convinha. E não foram poucos os que, tomando esta situação como definitiva, passaram anos de certa euforia empreendedora. Muitas vezes tais casos foram citados como exemplos brilhantes da terapêutica analítica. Devo acrescentar, no entanto, que esses casos, referentes a tipos eufóricos e empreendedores, sofrem de uma tal falta de diferenciação frente ao mundo, que não se pode considerá-los verdadeiramente curados. Em minha opinião, eles estão e não estão curados, na mesma medida. Tive a oportunidade de acompanhar o desenvolvimento da vida de pacientes dessa espécie e devo confessar que muitos dentre eles manifestavam sintomas de desadaptação. Quando persistiam no caminho escolhido, eram levados gradualmente à esterilidade e monotonia características dos "despojados do ego" (*Ent-Ichten*). Refiro-me naturalmente a casos-limite e não aos menos significativos, normais ou médios, nos quais o problema de adaptação é de natureza mais técnica do que problemática. Se eu fosse mais terapeuta do que investigador, não poderia resistir a certo otimismo de julgamento, uma vez que me deteria no *número* de curas; mas meu olhar de investigador não se detém apenas na quantidade, mas na qualidade humana. A natureza é aristocrática; uma pessoa de valor vale por dez pessoas medíocres. Preocupei-me com homens de qualidade e, através deles, compreendi como é ambíguo o resultado de uma análise meramente pessoal. Percebi também as razões desta ambiguidade.

Se através da assimilação do inconsciente cometermos o erro de incluir a psique coletiva no inventário das funções psíquicas pessoais, ocorrerá inevitavelmente uma *dissolução da personalidade em seus pares antagônicos*. Além do par de opostos já citado – mania de grandeza e sentimento de inferioridade –, tão evidente nas neuroses, há muitos outros, dentre os quais mencionarei apenas o par de opostos de caráter especificamente moral, ou seja, o bem e o mal. Na psique coletiva se abrigam todas as virtudes específicas e todos os vícios da

237

humanidade e todas as outras coisas. Alguns se apropriam da virtude coletiva como de um mérito pessoal, outros encaram o vício coletivo como uma culpa que lhes cabe. As duas posições são tão ilusórias quanto à mania de grandeza e o sentimento de inferioridade. Tanto as virtudes como as maldades imaginárias são pares de opostos de ordem moral, contidos na psique coletiva, que se tornaram perceptíveis ou foram conscientizados artificialmente. Até que ponto esses pares de opostos se revelam como conteúdos da psique coletiva, é-nos mostrado mediante o exemplo dos primitivos: enquanto um observador exalta suas grandes virtudes, outro registra as piores impressões e isto no que diz respeito à mesma tribo. Para os primitivos, cuja diferenciação pessoal sabemos estar no início, as duas afirmações são verdadeiras; isto porque sua psique é essencialmente coletiva e, portanto, na maior parte, inconsciente. Eles se identificam mais ou menos com a psique coletiva, possuindo assim todas as virtudes e todos os vícios coletivos, sem caráter pessoal e sem contradição interna. A contradição só aparece quando começa o *desenvolvimento pessoal* da psique e quando a razão descobre a natureza irreconciliável dos opostos. A consequência desta descoberta é o conflito da repressão. Queremos ser bons e, portanto, devemos reprimir o mal; e com isto, o paraíso da psique coletiva chega ao fim. A repressão da psique coletiva foi uma condição necessária para o desenvolvimento da personalidade. No tocante aos primitivos, o desenvolvimento da personalidade, ou melhor, o desenvolvimento da pessoa é uma questão de prestígio mágico. A figura do feiticeiro e a do chefe da tribo são significativas: ambos se distinguem pela singularidade de seus ornamentos e de seu modo de vida, que exprimem seu papel social. A peculiaridade de sua aparência externa o separa dos demais e tal segregação é realçada pela posse de segredos rituais. Por estes e outros meios, o primitivo cria um invólucro que o cerca, que pode ser designado como *persona* (máscara). Como sabemos, os primitivos usam máscaras nas cerimônias do totem, como meios de exaltar ou transformar a personalidade. Desta forma, o indivíduo favorecido é aparentemente afastado da esfera da psique coletiva e, na medida em que consegue identificar-se com sua persona, é realmente afastado. Tal afastamento significa prestígio mágico. Pode-se facilmente dizer que o motivo determinante deste processo é a vontade de poder. Mas isto supõe o esquecimento de que a formação do prestígio é sempre um produto

O eu e o inconsciente   39

do compromisso coletivo: não só deve haver alguém que deseje o prestígio, como um público que procure alguém para prestigiar.

Assim sendo, seria inexato dizer que alguém adquire prestígio devido à sua vontade de poder individual; trata-se, muito mais, de uma questão coletiva. Quando a sociedade, como conjunto, necessita de uma figura que atue magicamente, serve-se da vontade de poder do indivíduo e da vontade de submissão da massa como veículo, possibilitando assim a criação do prestígio pessoal. Este último é um fenômeno da maior importância para a vida coletiva dos povos, tal como nos mostra a história política em seus primórdios.

A importância do prestígio pessoal determina a possibilidade de   238
uma dissolução regressiva na psique coletiva, representando por isso um perigo, não só para o indivíduo favorecido, como também para seus seguidores. Tal possibilidade se torna iminente quando a meta do prestígio – o reconhecimento geral – for alcançada. A pessoa se torna então uma verdade coletiva e isto é sempre o começo do fim. Obter prestígio é uma realização positiva, não só para o indivíduo favorecido como também para o clã. O indivíduo se destaca por suas ações e a maioria pela abdicação do poder. Enquanto esta atitude requer luta para sua consecução e manutenção contra influências hostis, o resultado se mantém positivo, mas quando não houver mais obstáculos e o reconhecimento geral for atingido, o prestígio perde seu valor positivo, transformando-se, em geral, em *caput mortuum*. Inicia-se então um movimento cismático e todo o processo recomeça.

Como a personalidade é de extrema importância para a vida da   239
comunidade, tudo quanto perturbar seu desenvolvimento é sentido como um perigo; entretanto, o maior perigo reside na dissolução prematura do prestígio através de uma invasão do inconsciente coletivo. O segredo absoluto é um dos meios mais primitivos e o melhor para exorcizar este perigo. O pensamento, sentimento e esforço coletivos são relativamente mais fáceis do que a função e esforço individuais; daí a grande tentação de substituir a diferenciação individual da personalidade pela função coletiva. Depois de a personalidade ter sido diferenciada e protegida por um prestígio mágico, seu rebaixamento ou eventual dissolução na psique coletiva (como a negação de Pedro) ocasiona uma "perda da alma", porque uma realização pessoal importante foi negligenciada, ou então o indivíduo sucumbiu à regressão. Por isso as infrações do tabu são punidas de um modo draco-

niano, correspondente à seriedade da situação. Se considerarmos estes fatos apenas do ponto de vista causal, como simples resíduos ou metástases históricas do tabu do incesto[8], não compreenderemos de forma alguma a significação de tais medidas. Mas se nos aproximarmos do problema do ponto de vista teleológico, muita coisa aparentemente inexplicável tornar-se-á clara.

240 Assim, pois, o desenvolvimento da personalidade exige sua diferenciação da psique coletiva, porquanto a ocorrência de uma diferenciação parcial ou confusa produziria imediatamente uma fusão do individual no coletivo. Existe ainda o perigo de que na análise do inconsciente a psique coletiva e a pessoal se confundam, o que acarretaria consequências desagradáveis, como já vimos. Tais consequências são nocivas, tanto para os sentimentos vitais do paciente, como para seus semelhantes, no caso do primeiro exercer qualquer influência sobre o ambiente. Em sua identificação com a psique coletiva, ele tentará impor aos outros as exigências do seu inconsciente, uma vez que esse tipo de identificação acarreta um sentimento de validez geral ("semelhança a Deus"). Em tal eventualidade, ignorará por completo as diferenças da psique pessoal dos demais. (O sentimento de validez geral provém, naturalmente, da universalidade da psique coletiva.) Uma atitude coletiva pressupõe, obviamente, esta mesma psique coletiva nos outros. Isto significa, porém, um menosprezo implacável frente às diferenças individuais, sem falar nas de caráter mais geral: as diferenças de raça[9], por exemplo, que existem dentro da própria psique coletiva. Tal desprezo pela individualidade significa a asfixia do ser individual, em consequência da qual o elemento de di-

---

8. FREUD, S. *Totem und Tabu*. Ges. Schriften, 1924, Bd. 10.

9. É um erro imperdoável considerar válidos para todos os resultados de uma psicologia judia. Ninguém consideraria como obrigatoriamente válida para nós a psicologia chinesa ou a hindu. A acusação de antissemitismo que tal crítica me acarretou é tão descabida como se me tivessem acusado de um preconceito antichinês. Certamente, num estágio anterior e inferior do desenvolvimento psíquico, antes de diferenciarem-se as mentalidades ariana, semítica, hamítica e mongólica, todas as raças humanas têm uma psique coletiva comum; porém, ao iniciar-se uma diferenciação racial, aparecem diferenças essenciais na psique coletiva. Por isso é-nos impossível traduzir globalmente o espírito de outras raças para a nossa mentalidade, sem prejudicá-lo de modo evidente; isto, entretanto, não impede que tantos tipos humanos de instintos débeis afetem, por exemplo, a filosofia hindu ou quaisquer outras.

O eu e o inconsciente   41

ferenciação é suprimido na comunidade. O elemento de diferenciação é o indivíduo. As mais altas realizações da virtude, assim como os maiores crimes, são individuais. Quanto maior for uma comunidade e quanto mais a soma dos fatores coletivos, peculiar a toda grande comunidade, repousar sobre preconceitos conservadores, em detrimento da individualidade, tanto mais o indivíduo será moral e espiritualmente esmagado. O resultado disto é a obstrução da única fonte de progresso moral e espiritual da sociedade. Nestas condições só poderão prosperar a socialidade e o que é coletivo no indivíduo. Tudo o que nele for individual submerge, isto é, está condenado à repressão: os elementos individuais caem no inconsciente onde, geralmente, se transformam em algo de essencialmente pernicioso, destrutivo e anárquico. No aspecto social, este princípio negativo se manifesta através de crimes espetaculares (regicídios etc.), perpetrados por indivíduos de predisposição profética; mas na maioria dos casos esse princípio negativo permanece no fundo e só se manifesta indiretamente na degenerescência moral inexorável da sociedade. É um fato digno de nota que a moralidade da sociedade, como conjunto, está na razão inversa do seu tamanho; quanto maior for o agregado de indivíduos, tanto maior será a obliteração dos fatores individuais e, portanto, da moralidade, uma vez que esta se baseia no sentido moral do indivíduo e na liberdade imprescindível para isso. Por conseguinte, todo indivíduo é, inconscientemente, pior em sociedade do que quando atua por si só. O motivo é que a sociedade o arrasta e na mesma medida o torna isento de sua responsabilidade individual. Um grupo numeroso de pessoas, ainda que composto de indivíduos admiráveis, revela a inteligência e moralidade de um animal pesado, estúpido e predisposto à violência. Quanto maior a organização, mais duvidosa é sua moralidade e mais cega sua estupidez. (*Senatus bestia, senatores boni viri*.) A sociedade, acentuando automaticamente as qualidades coletivas de seus indivíduos representativos, premia a mediocridade e tudo que se dispõe a vegetar num caminho fácil e irresponsável. É inevitável que todo elemento individual seja encostado na parede. Tal processo se inicia na escola, continua na universidade e é dominante em todos os setores dirigidos pelo Estado. Quando o corpo social é mais restrito, a individualidade de seus membros é mais protegida; nesse caso serão maiores sua liberdade relativa e o grau de sua responsabilidade consciente. Sem liberdade não pode haver moralidade. A admiração que sentimos diante das grandes organizações vacila quando nos inteiramos do outro lado de tais maravilhas: o tremendo acúmulo e intensificação de tudo o que é primitivo no homem, além da inconfessável destruição de sua individualidade, em proveito do monstro disfarçado que é toda grande organização. O homem de hoje, que se volta para o ideal coletivo, faz de seu coração um antro de criminosos. Isto pode ser facilmente verificado pela análise de seu inconsciente, ainda que este não o perturbe. Se a "adaptação"[10] ao seu ambiente é normal, nem mesmo a maior infâmia de seu grupo o perturbará, contanto que a maioria dos companheiros esteja convencida da alta moralidade de sua organização social. Pois bem, tudo o que eu disse acerca da influência da sociedade sobre o indivíduo é igualmente válido no que concerne à influência do inconsciente coletivo sobre a psique individual. Entretanto, ficou bem claro, através dos exemplos mencionados, que esta última influência é tão invisível quanto a primeira é visível. Disto resulta que os efeitos internos (do inconsciente coletivo sobre a psique individual) parecem incompreensíveis e as pessoas que sofrem tal influência são catalogadas como casos patológicos e tratadas como se fossem loucas. E se houver entre elas um verdadeiro gênio, tal fato só será reconhecido na geração seguinte, ou mesmo mais tarde. Parece-nos muito natural que alguém se afogue na própria dignidade; mas que busque algo diverso das coisas desejadas pela multidão, e mesmo desapareça nesse anseio, é um fato difícil de aceitar. Deveríamos desejar a ambos o "humor" que – segundo Schopenhauer –, sendo um atributo verdadeiramente divino do homem, é a única coisa que lhe permite manter a alma em liberdade.

241   Os instintos coletivos, as formas fundamentais do pensamento e do sentimento humanos, cuja atividade é revelada pela análise do inconsciente, representam uma aquisição que a personalidade consciente não pode assimilar sem um transtorno considerável. Por isso, no tratamento prático é da maior importância ter sempre em mente a integridade da personalidade. Se a psique coletiva for tomada como

---

10. "Adaptação" e "desadaptação". In: JUNG, C.G. *Tipos psicológicos*. Op. cit., p. 467s. [OC, 6; § 630].

O eu e o inconsciente   43

um patrimônio pessoal do indivíduo, disso resultará uma distorção ou uma sobrecarga da personalidade, difícil de dominar. Por conseguinte é absolutamente necessário distinguir os conteúdos pessoais dos conteúdos da psique coletiva. Tal distinção não é fácil, uma vez que o elemento pessoal procede da psique coletiva, à qual está intimamente ligado. Assim, pois, é difícil dizer exatamente quais os conteúdos que devem ser considerados pessoais e quais os coletivos. É evidente que o simbolismo arcaico encontrado com frequência nos sonhos e fantasias são fatores coletivos. Todos os instintos básicos e formas fundamentais do pensamento e do sentimento são coletivos. Tudo o que os homens concordam em considerar como geral é coletivo, sendo também coletivo o que todos compreendem, o que existe, o que todos dizem e fazem. Observando com atenção, sempre nos admiramos com o que há de coletivo na nossa assim chamada psicologia individual. É de tal ordem, que o indivíduo pode desaparecer por completo atrás desse aspecto. Entretanto, como a individuação[11] é uma exigência psicológica imprescindível, esta força superior do coletivo nos permite compreender a atenção especialíssima que devemos prestar à delicada planta da "individualidade", se quisermos evitar que seja totalmente sufocada pelo coletivo.

O homem possui uma faculdade muito valiosa para os propósitos coletivos, mas extremamente nociva para a individuação: sua tendência à imitação. A psicologia social não pode prescindir da imitação, pois sem ela seriam simplesmente impossíveis as organizações de massa, o Estado e a ordem social. A base da ordem social não é a lei, mas a imitação, este último conceito abarcando também a sugestionabilidade, a sugestão e o contágio mental. Podemos constatar diariamente como se usa e abusa do mecanismo da imitação, com o intuito de chegar-se a uma diferenciação pessoal: macaqueia-se alguma personalidade eminente, alguma característica ou atividade marcantes, obtendo-se assim uma diferenciação externa, relativa ao ambiente

242

---

11. Cf. *Tipos psicológicos*. Op. cit. [OC, 6. Definições, sv. "individuação"]: "A individuação é [...] um processo de diferenciação que tem por meta o desenvolvimento da personalidade individual. [...] Assim como o indivíduo não é um ser isolado mas supõe uma relação coletiva com sua existência, do mesmo modo o processo de individuação não leva ao isolamento, mas a um relacionamento coletivo mais intenso e geral."

circundante. Poder-se-ia quase dizer que então, como que por castigo, intensifica-se a semelhança com o espírito do ambiente, a ponto de chegar-se a uma identificação compulsiva inconsciente com o mesmo. Em geral, esta tentativa adulterada de diferenciação individual se enrijece numa "pose" e o indivíduo permanece no mesmo nível que antes; mas sua esterilidade ter-se-á intensificado de alguns graus. Para descobrirmos o que é autenticamente individual em nós mesmos, torna-se necessária uma profunda reflexão; a primeira coisa a descobrirmos é quão difícil se mostra a descoberta da própria individualidade.

III

A persona como segmento da psique coletiva

Neste capítulo abordaremos um problema que, se negligenciado, causará a maior confusão. Mencionei antes que, na análise do inconsciente pessoal, a primeira coisa a ser acrescentada à consciência é constituída por conteúdos pessoais; sugeri que tais conteúdos reprimidos podem ser conscientizados, representando o que poderíamos chamar de *inconsciente pessoal*. Mostrei também que, através da anexação das camadas mais profundas do inconsciente, para as quais propus o nome de *inconsciente coletivo*, se produz uma ampliação da personalidade, que pode levar à inflação. Tal estado ocorre mediante o mero prosseguimento do trabalho analítico, como no caso antes citado. Continuando a análise, acrescentamos à consciência pessoal certas qualidades básicas e impessoais da humanidade, fato este que desencadeia a inflação descrita anteriormente e que pode ser encarada como uma das consequências desagradáveis da plena conscientização[1].

243

---

1. Este fenômeno decorrente da expansão da consciência não é de forma alguma específico do tratamento analítico, mas ocorre sempre que os homens são subjugados por um novo saber ou conhecimento. "O saber infla", escreve São Paulo na Epístola aos Coríntios, pois o novo conhecimento subira à cabeça de alguns, como sempre sucede. A inflação nada tem a ver com a *espécie* do conhecimento, mas sim com o modo pelo qual ele se apodera de uma cabeça fraca, quando o indivíduo se torna incapaz de ver ou ouvir qualquer outra coisa. Fica como que hipnotizado e acredita ter descoberto a solução do enigma universal. Isto já significa presunção. Tal processo é uma forma de reação tão geral que já no livro do Gênesis 2,17 comer da árvore do conhecimento representa um pecado que conduz à morte. Não é fácil de compreender por que um acréscimo de consciência, acompanhado de presunção, é tão perigoso. O Gênesis re-

244 A consciência pessoal é mais ou menos um segmento arbitrário da psique coletiva. Ela consiste numa soma de fatos psíquicos sentidos como algo de pessoal. O atributo "pessoal" significa: pertencente de modo exclusivo a *uma* dada pessoa. Uma consciência *apenas* pessoal acentua com certa ansiedade seus direitos de autor e de propriedade no que concerne aos seus conteúdos, procurando deste modo criar um todo. Mas todos os conteúdos que não se ajustam a esse todo são negligenciados, esquecidos, ou então reprimidos e negados. Isto constitui uma forma de autoeducação que não deixa de ser, porém, demasiado arbitrária e violenta. Em benefício de uma imagem ideal, à qual o indivíduo aspira moldar-se, sacrifica-se muito de sua humanidade. Indivíduos desse tipo, extremamente *pessoais*, costumam ser muito sensitivos, já que é tão fácil ocorrer-lhes algo que traz à consciência certos detalhes indesejáveis de seu verdadeiro caráter ("individual").

245 A este segmento arbitrário da psique coletiva, elaborado às vezes com grande esforço, dei o nome de *persona*. A palavra *persona* é realmente uma expressão muito apropriada, porquanto designava originalmente a máscara usada pelo ator, significando o papel que ia desempenhar. Se tentarmos estabelecer uma distinção entre o material psíquico consciente e o inconsciente, logo nos encontraremos diante do maior dilema: no fundo teremos de admitir que a afirmação acerca do inconsciente coletivo, isto é, de que seus conteúdos são gerais, também é válida no que concerne aos conteúdos da persona. Sendo esta última um recorte mais ou menos arbitrário e acidental da psique coletiva, cometeríamos um erro se a considerássemos (a persona), *in toto*, como algo "individual". Como seu nome revela, ela é uma sim-

---

presenta o ato de consciência como uma infração do tabu, como se através do conhecimento se transpusesse criminosamente um limiar sacrossanto. Creio que o Gênesis está certo, na medida em que cada passo em direção a uma consciência mais ampla é uma espécie de *culpa prometeica*: mediante o conhecimento rouba-se, por assim dizer, o fogo dos deuses, isto é, o patrimônio dos poderes inconscientes é arrancado do contexto natural e subordinado à arbitrariedade da consciência. O homem que usurpou novo conhecimento sofre uma transformação ou alargamento da consciência, mediante o que esta perde sua semelhança com a dos demais. Desse modo, eleva-se acima do nível humano de sua época ("sereis semelhantes a Deus"), mas isto o afasta dos homens. O tormento dessa solidão é a vingança dos deuses: tal homem não poderá voltar ao convívio humano. Como diz o mito, é agrilhoado à solitária rocha do Cáucaso, abandonado por deuses e homens.

O eu e o inconsciente

ples máscara da psique coletiva, máscara que *aparenta uma individualidade*, procurando convencer aos outros e a si mesma que é uma individualidade, quando, na realidade, não passa de um papel, no qual fala a psique coletiva.

Ao analisarmos a persona, dissolvemos a máscara e descobrimos que, aparentando ser individual, ela é no fundo coletiva; em outras palavras, a persona não passa de uma máscara da psique coletiva. No fundo, nada tem de *real*; ela representa um compromisso entre o indivíduo e a sociedade, acerca daquilo que "alguém parece ser: nome, título, ocupação, isto ou aquilo". De certo modo, tais dados são reais; mas, em relação à individualidade essencial da pessoa, representam algo de secundário, uma vez que resultam de um compromisso no qual outros podem ter uma quota maior do que a do indivíduo em questão. A persona é uma aparência, uma realidade bidimensional, como se poderia designá-la ironicamente.

Seria incorreto, porém, encerrar o assunto sem reconhecer que subjaz algo de individual na escolha e na definição da persona; embora a consciência do ego possa identificar-se com ela de modo exclusivo, o si-mesmo inconsciente, a verdadeira individualidade, não deixa de estar sempre presente, fazendo-se sentir de forma indireta. Assim, apesar da consciência do ego identificar-se inicialmente com a persona – essa figura de compromisso que representamos diante da coletividade – o si-mesmo inconsciente não pode ser reprimido a ponto de extinguir-se. Sua influência se manifesta principalmente no caráter especial dos conteúdos contrastantes e compensadores do inconsciente. *A atitude meramente pessoal da consciência produz reações da parte do inconsciente e estas, juntamente com as repressões pessoais, contêm as sementes do desenvolvimento individual, sob o invólucro de fantasias coletivas.* Mediante a análise do inconsciente pessoal, a consciência se abre e é alimentada pelo material coletivo, que traz consigo elementos da individualidade. Sei muito bem que isto é incompreensível para os que desconhecem meus pontos de vista e minha técnica e principalmente para os que encaram o inconsciente do ponto de vista freudiano. Mas se o leitor lembrar-se do exemplo já citado da estudante de filosofia, poderá ter uma ideia aproximada do que aqui estou tentando formular. No início do tratamento, a enferma era quase inconsciente da fixação que subjazia à sua relação com o pai. Ignorava de um modo quase total que buscava um homem semelhante ao pai, fato este com que seu intelecto logo se defrontou. Isto não constituiria propriamente um erro se seu intelecto não tivesse aquele caráter de protesto peculiar, infelizmente comum nas mulheres intelectuais. Esse tipo de intelecto se caracteriza pela tendência de apontar os erros alheios; é crítico em demasia, de tonalidade desagradavelmente pessoal, com a pretensão, no entanto, de ser objetivo. Isto geralmente irrita os homens, sobretudo se a crítica a eles endereçada (como acontece muitas vezes) tocar-lhes um ponto fraco; em benefício de uma discussão fecunda, seria justamente este o ponto a evitar. Longe disto, é uma peculiaridade infeliz de tal tipo de mulher procurar os pontos fracos do homem e fixá-los, exasperando o interlocutor. Em geral, sua intenção não é consciente; pelo contrário, seu propósito inconsciente é o de impelir o homem a uma posição superior, tornando-o deste modo um objeto de admiração. Mas em geral este não percebe que está sendo forçado a assumir o papel de herói; na realidade acha esses insultos tão odiosos que tratará de desviar-se o mais possível de tal mulher. Finalmente, o único homem que lhe restará só poderá ser o que desde o início se apequenou e que, portanto, nada tem de admirável.

248   Minha paciente encontrou em tudo isto um vasto campo de reflexão, uma vez que não tinha a menor ideia do jogo em que se enredara. Mas teve sobretudo que compreender o romance secreto que, desde a infância, se desenrolara entre ela e o pai. Seria longo demais descrever, em detalhe, o modo pelo qual, a partir de seus primeiros anos, se pusera em união inconsciente com o lado obscuro do pai. Sua mãe nada advertira. Assim, antecipando-se à sua idade, tornou-se a rival da mãe. Tudo isto veio à luz, na análise de seu inconsciente pessoal. Uma vez que, por razões profissionais, eu não tinha o direito de irritar-me, tornei-me inevitavelmente o herói e pai-amante. A transferência também consistiu de conteúdos do inconsciente pessoal. Meu papel de herói não passava de um pretexto e assim, transformado num mero fantasma, eu servia para que ela desempenhasse seu papel costumeiro de mãe-filha-amada, plenamente amadurecida, sábia e compreensiva – um papel vazio, uma persona atrás da qual seu ser real e autêntico, seu si-mesmo individual, permanecia oculto. Na medida em que se identificava completamente com o seu papel, tornava-se

inconsciente do si-mesmo (*Selbst*). Permanecia num mundo nebuloso e infantil, incapaz de descortinar o verdadeiro mundo. Entretanto, à medida que sua análise progredia, foi-se tornando consciente da natureza de sua transferência, e os sonhos acerca dos quais falei no primeiro capítulo começaram a estruturar-se. Traziam fragmentos do inconsciente coletivo e isto representou o fim de seu mundo infantil e das fantasias heroicas. *Ela encontrou-se a si mesma e às suas verdadeiras potencialidades.* A maioria dos casos se processa deste modo, se a análise estender-se suficientemente. O fato de que a consciência de sua individualidade coincida exatamente com a revivescência de uma imagem divina arcaica não representa uma simples coincidência, mas um caso muito frequente que, em minha opinião, corresponde a uma lei inconsciente.

Depois desta digressão, voltemos às reflexões iniciais. 249

Uma vez abolidas as repressões de ordem pessoal, a individualidade e a psique coletiva começam a emergir, fundidas uma na outra, 250 liberando as fantasias pessoais até então reprimidas. Aparecem sonhos e fantasias, que se revestem de um aspecto diferente. O "cósmico" parece ser um sinal infalível das imagens coletivas; as imagens de sonhos e fantasias são associadas ao elemento "cósmico", tais como tempo e espaço infinitos, a enorme velocidade e a extensão dos movimentos, conexões "astrológicas", analogias telúricas, lunares e solares, alterações nas proporções do corpo; etc. O aparecimento de motivos mitológicos e religiosos nos sonhos também indica a atividade do inconsciente coletivo. O elemento coletivo é anunciado muitas vezes por sintomas peculiares[2]: sonhos em que se voa através do espaço, a modo de um cometa, ou se tem a impressão de ser a terra, o sol ou uma estrela; ora se é extraordinariamente grande, ora pequeno como um anão; ou, como um morto, chega-se a um lugar estranho, num estado de alheamento, confusão, loucura etc. Do mesmo modo, podem ocorrer sentimentos de desorientação, vertigem e outros semelhantes, juntamente com os sintomas de inflação.

---

2. Não será demais observar que os elementos coletivos dos sonhos não ocorrem apenas neste estádio do tratamento analítico. Há muitas espécies de situações psicológicas nas quais se manifesta a atividade do inconsciente coletivo. Mas não é este o lugar adequado para o exame dessas condições.

251 A riqueza de possibilidades da psique coletiva confunde e ofusca. Com a dissolução da persona desencadeia-se a fantasia espontânea, a qual, aparentemente, não é mais do que a atividade específica da psique coletiva. Tal atividade traz à tona conteúdos, cuja existência era antes totalmente ignorada. Na medida em que aumenta a influência do inconsciente coletivo, a consciência perde seu poder de liderança. Imperceptivelmente, vai sendo dirigida, enquanto o processo inconsciente e impessoal toma o controle. Assim, pois, sem que o perceba, a personalidade consciente, como se fora uma peça entre outras num tabuleiro de xadrez, é movida por um jogador invisível. É este quem decide o jogo do destino e não a consciência e suas intenções. No exemplo anteriormente citado, foi deste modo que se processou a liberação da transferência, apesar de afigurar-se tão impossível à consciência.

252 Sempre que surja uma dificuldade aparentemente insuperável, é inevitável ter-se que mergulhar neste processo. Entretanto, nem sempre ocorre tal necessidade, uma vez que a maioria dos casos de neurose só pede a remoção de dificuldades temporárias de adaptação. Mas os casos graves não podem ser curados sem uma profunda "mudança do caráter" ou da atitude. Na maioria dos casos, a adaptação à realidade exterior exige tanto trabalho, que a adaptação interior, voltada para o inconsciente coletivo, só pode ser considerada a longo prazo. No entanto, quando a adaptação interior se torna um problema, provém do inconsciente uma atração singular e irresistível, que exerce uma influência poderosa na direção consciente da vida. A predominância das influências inconscientes, assim como a desintegração da persona e a redução da força condutora do consciente constituem um estado de desequilíbrio psíquico, induzido artificialmente no decorrer do tratamento analítico; é claro que a intenção desta terapia é a de resolver uma dificuldade inibidora que barra a via de um desenvolvimento ulterior. Naturalmente há inúmeros obstáculos que podem ser superados com um bom conselho e com um pouco de ajuda moral, ajudados pela boa vontade e compreensão por parte do paciente. Deste modo são obtidos excelentes resultados e até mesmo a cura. Não são raros os casos em que não há necessidade de dizer uma só palavra acerca do inconsciente. No entanto, há dificuldades frente às quais não se vislumbra qualquer solução satisfatória. Nessa eventualidade, se o transtorno do equilíbrio psíquico não ocorreu antes do tratamento, certamente

O eu e o inconsciente   51

aparecerá durante a análise, e às vezes sem qualquer interferência do médico. É como se tais pacientes estivessem à espera de uma pessoa de confiança a fim de entregar-se e sucumbir. Essa perda de equilíbrio é, em princípio, semelhante a um distúrbio psicótico; isto é, difere dos estádios iniciais da doença mental pelo fato de conduzir finalmente a uma saúde mais plena, enquanto que nas psicoses há uma destruição crescente. No primeiro caso, a pessoa entra em pânico e como que se abandona diante de complicações aparentemente desesperadas. Em geral, tudo começa por um esforço pertinaz de dominar a situação problemática pela força de vontade; ocorre então o colapso e essa vontade diretora é completamente aniquilada. A energia assim liberada desaparece do consciente e cai no inconsciente. É então que costumam sobrevir os primeiros sinais da atividade inconsciente. (Assinalo aqui o exemplo do jovem que sucumbiu à psicose.) Evidentemente, nesse caso, a energia que desapareceu da consciência ativou o inconsciente. O resultado imediato foi a brusca *alteração dos sentidos*. Podemos imaginar que se o jovem mencionado tivesse uma mente mais forte, tomaria a visão das estrelas como uma imagem salvadora, conseguindo então encarar o sofrimento humano *sub specie aeternitatis*, e neste caso seu equilíbrio seria restaurado[3].

Deste modo, um obstáculo aparentemente invencível seria supe-   253
rado. Assim, pois, encaro a perda de equilíbrio como algo adequado, pois substitui uma consciência falha, pela atividade automática e instintiva do inconsciente, que sempre visa à criação de um novo equilíbrio; tal meta será alcançada *sempre que a consciência for capaz de assimilar os conteúdos produzidos pelo inconsciente, isto é, quando puder compreendê-los e digeri-los*. Se o inconsciente dominar a consciência, desenvolver-se-á um estado psicótico. No caso de não prevalecer nem processar-se uma compreensão adequada, o resultado será um conflito que paralisará todo progresso ulterior. O problema da compreensão do inconsciente coletivo coloca-nos diante de uma considerável dificuldade, que será o tema do próximo capítulo.

---

3. FLOURNOY, T. Automatisme téléologique antisuicide: un cas de suicide empêché par une hallucination. *Archives de Psychologie*, Vol. VII, 1908. Genebra, p. 113-137. • JUNG, C.G. *Über die Psychologie der Dementia praecox.* Halle: [s.e.], 1900, p. 174s. [Em português: "A psicologia da *Dementia Praecox*". In: JUNG, C.G. *Psicogênese das doenças mentais.* Petrópolis: Vozes, 2011 (OC, 3; § 304s.)].

IV

Tentativas de libertar a individualidade da psique coletiva

a) Restabelecimento regressivo da persona

254   O colapso da orientação consciente não é assunto negligenciável. Corresponde a um fim de mundo em miniatura, como se tudo voltasse de novo ao caos original. O indivíduo sente-se abandonado, desorientado, como um barco sem leme entregue ao capricho dos elementos. Pelo menos, assim parece. Na realidade, porém, mergulhou de novo no inconsciente coletivo, que assume a direção. Poderíamos multiplicar os exemplos dos casos em que, no momento crítico, um pensamento "salvador", uma visão, uma "voz interna" imprimem uma nova direção à vida, com um poder de convicção irresistível. Provavelmente seria possível mencionar outros tantos casos, em que o colapso significou uma catástrofe que destruiu uma vida: em tais momentos as ideias mórbidas podem enraizar-se, ou então todos os ideais desaparecem, o que não é menos desastroso. No primeiro caso, desenvolve-se uma excentricidade psíquica ou uma psicose, enquanto que no segundo se manifesta um estado de desorientação e desmoralização. Se os conteúdos inconscientes chegarem, porém, à consciência, inundando-a com seu misterioso poder de convicção, propõe-se a questão: de que modo o indivíduo reagirá? Será dominado pelos conteúdos? Aceitá-los-á credulamente? Rejeitá-los-á? (Deixarei de lado, por agora, a resposta ideal, isto é, a de uma compreensão crítica.) O primeiro caso significa paranoia ou esquizofrenia; o segundo torna o indivíduo um excêntrico, com certo gosto pela profecia, ou então pode fazê-lo retroceder a uma atitude infantil, apartando-o da sociedade humana; o terceiro sig-

nifica a *restauração regressiva da persona*. Esta formulação parece muito técnica e o leitor suporá, com justeza, que se trata afinal de uma reação psíquica de natureza complexa, como as que se apresentam no decurso de um tratamento analítico. Seria um erro, no entanto, supor que casos desta espécie aparecem apenas durante o tratamento analítico. Tal processo pode ser observado igualmente, e às vezes com mais nitidez, em outras situações vitais; de modo particular, nas existências em que houve uma intervenção violenta e destruidora do destino. Todos, é claro, podem sofrer golpes adversos, mas na maioria dos casos as feridas se curam e não deixam mutilações. Mas aqui se trata de experiências destruidoras, que podem aniquilar o indivíduo, ou pelo menos aleijá-lo. Tomemos como exemplo um homem de negócios, que se arriscou demais e chegou à bancarrota. Se essa experiência deprimente não desanimá-lo e se, corajosamente, ele conseguir manter a ousadia, acrescida de um pouco de prudência salutar, sua ferida cicatrizará, sem dano permanente. Mas pode ocorrer que se sinta destruído e renuncie então a qualquer risco futuro, procurando laboriosamente salvar sua reputação social, nos marcos de uma personalidade muito mais limitada; poderá até mesmo rebaixar-se a um trabalho inferior, num posto muito abaixo de suas possibilidades, como uma criança assustada. Dessa forma, tecnicamente falando, estará tentando *restaurar sua persona por via regressiva*. Em consequência do temor, recuará a uma fase anterior de sua personalidade, e se rebaixará, pretendendo ser o que era *antes* da experiência crítica, mas incapaz até mesmo de pensar em repetir tal risco. Talvez tenha desejado antes, mais do que podia realizar; agora, no entanto, nem ousa tentar aquilo de que é capaz.

Tais experiências ocorrem em todos os domínios da vida e de todos os modos possíveis; ocorrem também no decurso de um tratamento psíquico. Neste último caso, trata-se igualmente de uma ampliação da personalidade, de um risco de natureza externa ou interna. No exemplo citado da estudante de filosofia, pode-se ver em que consiste a experiência crítica do tratamento psicoterapêutico: a *transferência*. Como já disse antes, o paciente pode deslizar inconscientemente sobre os escolhos da transferência. Neste caso não haverá experiência crítica, nada ocorrendo digno de nota. Naturalmente, por comodidade, o médico sempre desejará ter pacientes deste tipo. Entretanto, os pacientes mais lúcidos logo descobrem por si mesmos a existência do problema. E quando, como no caso citado, o médico é elevado à categoria de pai-amado, desencadeia-se sobre ele um dilúvio de exigências. Terá, então, forçosamente que buscar um caminho e modos hábeis de deter as investidas, sem que o vórtice o arraste e sem prejudicar o paciente. Uma ruptura violenta da transferência poderá ocasionar uma recaída completa, ou algo pior ainda; assim, pois, o problema deverá ser conduzido com muito tato e precaução. Outra possibilidade reside na esperança pia de que "com o tempo" o "disparate" acabará por si mesmo. Certamente, com o tempo tudo acaba; mas esse tempo, quem sabe quanto poderá prolongar-se? As dificuldades poderão ser insuportáveis para ambas as partes, de modo que é melhor renunciar à ideia do "tempo" como um fator de cura.

256   A teoria freudiana das neuroses parece oferecer um instrumento mais eficaz para "combater" a transferência. Segundo ela, a dependência do paciente pode ser explicada como uma exigência sexual infantil, que toma o lugar de um emprego razoável da sexualidade. A teoria adleriana[1] também oferece uma vantagem semelhante, explicando a transferência como uma meta infantil de poder e como uma "medida de segurança". Ambas as teorias são de tal modo adequadas à mentalidade neurótica, que todas as neuroses podem ser explicadas ao mesmo tempo pelas duas teorias[2]. Tal fato não pode ser negligenciado. Qualquer observador imparcial será obrigado a constatar que isso se deve à circunstância de que o "erotismo infantil" de Freud e o "impulso de poder" de Adler são, no fundo, a mesma coisa, apesar do choque de opiniões das duas escolas. No fenômeno da transferência vem à luz um fragmento do instinto primordial, a princípio incontrolado e incontrolável. As formas arcaicas de fantasia que alcançam gradualmente o limiar da consciência constituem outra prova deste fato.

257   Baseados nestas duas teorias podemos tentar mostrar ao paciente como são infantis, impossíveis e absurdas suas exigências; talvez ele

---

1. ADLER, A. *Über den nervösen Charakter* – Grundzüge einer vergleichenden Individualpsychologie und Psychotherapie. Viena: [s.e.], 1912.

2. Cf. o exemplo de um caso semelhante em: *Über die Psychologie des Unbewussten*. [s.l.]: [s.e.], 1943. [Em português: Psicologia do inconsciente. In: JUNG, C.G. Dois escritos sobre psicologia analítica. 2. ed. Petrópolis: Vozes, 2011, § 44s. (OC, 7/2)].

Obra Completa — Vol. 7/2

volte à razão. Minha paciente, porém, não foi a *única* que ignorou tais argumentos. É verdade que o médico pode defender-se com essas teorias, desembaraçando-se de uma situação difícil com uma dose relativa de humanidade. Há pacientes que, na realidade, não exigem (ou pelo menos não parecem exigir) tais cuidados; mas há casos em que tal método poderia causar um dano psíquico absurdo. No caso da minha estudante, senti obscuramente algo deste gênero e, portanto, abandonei toda tentativa racionalista, deixando à natureza – ainda que com uma desconfiança mal dissimulada –, a oportunidade de corrigir um disparate que parecia ter-se originado dela mesma. Como já mencionei anteriormente, tal fato me ensinou algo de extraordinariamente importante: *a existência de uma autorregulação inconsciente. O inconsciente sabe não só "desejar", mas também cancelar seus próprios desejos.* Esta compreensão, de imensa importância para a integridade da personalidade, permanecerá oculta aos que se detiverem na ideia de que tudo isso não passa de um mero infantilismo. Retrocederá do limiar desta compreensão, dizendo: "Naturalmente tudo foi um disparate. Sou um louco visionário e o melhor que tenho a fazer é enterrar ou atirar ao mar o inconsciente e tudo o que se prende a ele". Considerará como pirraças infantis o sentido e a meta de tudo aquilo que desejava tão ardentemente. Compreenderá que sua ânsia era absurda, tentará ser tolerante consigo mesmo e resignar-se. O que fazer então? Em lugar de enfrentar o conflito, voltará *atrás*, restaurando regressivamente, do melhor modo possível, sua persona soterrada e suprimindo todas as esperanças e expectativas que haviam florescido durante a transferência. Tornar-se-á menor, mais limitado, mais racionalista do que antes. Não se pode dizer, porém, que em todos os casos tal resultado significa uma incrível desgraça, pois são muitos os que, por sua notória incapacidade, prosperam mais num sistema racionalista do que em liberdade. A liberdade é uma das coisas mais difíceis. Os que puderem suportar a solução apontada poderão dizer, com Fausto:

"Conheço demasiadamente o círculo da Terra,
O mais além é vedado ao nosso olhar;
Tolo! Quem para lá dirige os olhos ofuscados
Inventa seu duplo nos abismos do ar!
Decida-se aqui e não se perca além;

Para o homem bom o mundo tem finalidade
Sem que se perca em vão na eternidade!
O que distingue, bem pode dominar.
Deixá-lo seguir ao longo dos terrestres dias;
Que os fantasmas assombrem, segue sua via[3]..."

258   Tal solução seria perfeita se alguém pudesse livrar-se por completo do inconsciente, privando-o de sua energia e tornando-o inativo. Mas como a experiência mostra, só se pode privar o inconsciente de parte de sua energia; ele permanece em contínua atividade, uma vez que não só contém, mas é a fonte da libido, a partir da qual os elementos psíquicos fluem. É um erro, pois, acreditar que através de alguma teoria ou método mágico poder-se-ia esgotar a libido do inconsciente, anulando-o. Talvez uma ilusão desse tipo durasse algum tempo, até chegar a hora em que seria inevitável dizer, como Fausto:

"Tantos espectros se apinham no ar,
Como e para onde escapar?
Antes vem e sorri a manhã racional,
Depois tece a noite seu sonho infernal.
Ao voltarmos alegres dos campos arados
Grasna uma ave. Que disse ao grasnar?
Desgraça, sugere a superstição:
Tem forma e se mostra e traz maldição.
Com medo ouvimos a porta estalar,
Estamos sozinhos; ninguém vai entrar[4]..."

Ninguém pode, mediante seu *livre-arbítrio*, anular o poder efetivo do inconsciente. No máximo, conseguirá iludir-se. Como diz Goethe:

"Se o ouvido em mim se fechar,
No coração o medo vai medrar;
A cada hora mudo a forma do meu ser
E assim exerço meu despótico poder[5]".

Somente uma coisa é eficaz contra o inconsciente: a necessidade exterior premente. Entretanto os que tiverem um conhecimento

---

3. *Fausto* II, 5° ato, cena 4.
4. Ibid.
5. Ibid.

Obra Completa — Vol. 7/2

maior acerca do inconsciente reconhecerão, atrás da *necessidade* exterior, a mesma face que antes os espreitava de dentro. Uma necessidade interna pode transformar-se numa necessidade externa; se esta última for real e não uma simples pose, a problemática psíquica costuma ser ineficaz. Por isso Mefistófeles dá este conselho a Fausto que se opõe à "loucura da magia":

"Pois bem, eis o caminho mestre
Sem médico, dinheiro ou bruxaria:
Retoma à vida campestre,
Cava e lavra descuidado,
Conserva-te e à tua mente
Num círculo bem limitado,
Come da terra somente,
Animal entre animais, esterca
O campo que cultivares[6]".

A "vida simples" não pode ser simulada e, por conseguinte a existência não problemática do homem pobre, entregue ao destino, nunca será obtida por contrafação. Só o homem que vive tal vida, não como mera *possibilidade*, mas por uma *necessidade* implícita de sua própria natureza, poderá negligenciar cegamente o problema da psique, uma vez que lhe falta a capacidade de compreendê-la. Entretanto, quem tenha deparado com o problema fáustico não terá mais acesso à "vida simples". Naturalmente, nada o impedirá de ocupar uma casinha de dois quartos no campo, de cavoucar no jardim ou comer nabos crus. Mas sua alma rirá desses subterfúgios. *Só aquilo que somos realmente tem o poder de curar-nos.*

A reconstrução regressiva da *persona* representa uma possibilidade vital somente para o indivíduo que deve o malogro crítico de sua vida à presunção. Apequenando sua personalidade, retrocederá até a medida que pode preencher. Mas em qualquer outro caso, a resignação ou autodiminuição significam evasões que, com o correr do tempo, só podem ser mantidas à custa de indisposições neuróticas. Do ponto de vista consciente dessa pessoa, tal situação não representaria uma fuga e sim a impossibilidade de enfrentar o problema. Em

---

6. *Fausto* I, cena 6.

58 O eu e o inconsciente

geral tal doente é uma figura solitária, pois pouco ou nada vem aju-
dá-lo em nossa cultura moderna; até mesmo a psicologia lhe oferece
apenas algumas interpretações puramente redutivas, sublinhando o
caráter infantil, arcaico e inaceitável desses estados de transição. Não
lhe ocorre pensar que uma teoria médica também pode servir para o
médico esquivar-se, mais ou menos elegantemente, da armadilha.
Por isso, as teorias redutivas se ajustam tão maravilhosamente à essência da neurose: prestam um grande serviço ao médico.

b) Identificação com a psique coletiva

260   A segunda possibilidade seria a identificação com o inconsciente
coletivo. Isto equivaleria a aceitar a inflação, exaltada agora como
um sistema. Em outras palavras, o indivíduo poderia ser o feliz pro-
prietário *da* grande verdade que o aguardava para ser descoberta, o
senhor do conhecimento escatológico para a salvação das nações. Tal
atitude não implica necessariamente a megalomania em sua forma direta, mas sim na forma atenuada e mais conhecida do reformador,
dos profetas e mártires. As mentes fracas correm o risco de sucumbir
a esta tentação, uma vez que geralmente se caracterizam por uma boa
dose de ambição, amor-próprio e ingenuidade descabida. Abrir a
passagem da psique coletiva significa uma renovação de vida para o
indivíduo, quer seja agradável ou desagradável. Todos querem agarrar-se a esta renovação: uns, porque assim aumentam sua sensação de
vida, outros porque veem nisso a promessa de um maior conhecimento, ou então esperam descobrir a chave que transformará suas vidas. No entanto, os que não quiserem renunciar aos grandes tesouros
enterrados na psique coletiva deverão lutar, de um modo ou de outro, a fim de manter a ligação recém-descoberta com os fundamentos
originários da vida[7]. A identificação parece ser o caminho mais curto,

---

7. Quero lembrar aqui uma interessante observação de Kant. Em suas *Vorlesung Über
Psychologie* (Leipzig: [s.e.], 1889), ele fala de um "tesouro enterrado no campo das representações obscuras, tesouro que jaz nos abismos profundos do conhecimento humano e que não podemos alcançar". Esse tesouro, como demonstrei detalhadamente
no meu livro *Wandlungen und Symbole der Libido* (nova edição: *Símbolo da transformação. Op. cit.* OC, 5), é a soma das imagens primordiais, nas quais a libido está investida, ou melhor, que constituem sua autorrepresentação.

Obra Completa — Vol. 7/2

pois a dissolução da persona na psique coletiva é um convite direto para as bodas com o abismo, apagando-se toda memória nesse abraço. Este traço de misticismo é característico dos melhores indivíduos e é tão inato em cada qual como a "nostalgia da mãe", nostalgia da fonte da qual proviemos.

Como já mostramos anteriormente, há na raiz da nostalgia regressiva, concebida por Freud como uma "fixação infantil" ou "desejo incestuoso", um valor e uma força especiais. Tal fato se revela com clareza nos mitos em que o herói é o melhor e o mais forte dentre o povo; é ele que segue essa nostalgia regressiva, expondo-se deliberadamente ao perigo de ser devorado pelo monstro do abismo materno. Mas é herói, afinal de contas, porque não é devorado, e vence o monstro, não uma, mas muitas vezes. A vitória sobre a psique coletiva, e só ela, confere o verdadeiro valor, a captura do tesouro oculto, da arma invencível, do talismã mágico ou daquilo que o mito determina como o mais desejável. Assim, pois, o indivíduo que identificar-se com a psique coletiva ou, em termos do mito, que for devorado pelo monstro, nele desaparecendo, estará perto do tesouro guardado pelo dragão, mas involuntariamente e para seu próprio mal. 261

Ninguém que perceba o grotesco desta identificação teria a coragem de erigi-la em princípio. O perigo está no fato da maior parte das pessoas carecer do humor necessário ou deste faltar justamente na hora oportuna; tomadas por uma espécie de *pathos*, tudo lhes parece carregado de sentido e qualquer autocrítica eficaz é rejeitada. Não pretendo negar, em geral, a existência de profetas autênticos, mas, por cautela, começarei duvidando em cada caso individual; o assunto é sério demais para que se aceite, levianamente, alguém como um verdadeiro profeta. Se for este o caso, ele mesmo lutará contra toda pretensão inconsciente a esse papel. Portanto, se num abrir e fechar de olhos aparecer um profeta, seria melhor pensarmos num possível desequilíbrio psíquico. 262

Mas além da possibilidade de converter-se em profeta, há outra alegria sedutora, mais sutil e aparentemente mais legítima: a alegria de ser o *discípulo de um profeta*. Esta técnica é ideal para a maioria das pessoas. Suas vantagens são: o *odium dignitatis*, isto é, o da responsabilidade sobre-humana do profeta, que é substituído pelo *otium indignitatis*, que é muito mais suave. O discípulo é indigno; sen- 263 ta-se modestamente aos pés do "Mestre" e se protege contra os próprios pensamentos. A preguiça mental se torna uma virtude; pelo menos, é possível aquecer-se ao sol de um ser semidivino. Pode desfrutar do arcaísmo e infantilismo de suas fantasias inconscientes sem esforço algum, pois toda a responsabilidade é deixada ao Mestre. Através da divinização do Mestre, o discípulo se exalta, aparentemente sem que o perceba. Além disso, não possui a grande verdade (que, naturalmente, não foi descoberta por ele), recebida diretamente das mãos do Mestre? É óbvio que os discípulos sempre se unem com solidariedade, não por laços afetivos, mas com o propósito de confirmar suas próprias convicções, sem esforço, engendrando uma atmosfera de unanimidade coletiva.

264 Há, porém, uma forma de identificação com a psique coletiva, que parece muito mais recomendável; alguém tem a honra de ser um profeta, assumindo desse modo uma perigosa responsabilidade. Outro indivíduo, por seu lado, é um simples discípulo, administrador do grande tesouro que o Mestre alcançou. Sente toda a dignidade e o peso de tal posição e considera uma obrigação solene, ou mesmo uma necessidade moral, denegrir todos os que pensem diferentemente; sua preocupação é fazer prosélitos e iluminar a humanidade, tal como se ele mesmo fosse o profeta. São estas as pessoas que, se ocultando atrás de uma persona aparentemente modesta, irrompem de repente na cena do mundo, inflacionadas pela identificação com o inconsciente coletivo. Tal como o profeta, é uma imagem primordial da psique coletiva, o discípulo do profeta também o é.

265 Em ambos os casos, a inflação provém do inconsciente coletivo e a independência da individualidade é lesada. Mas uma vez que nem todos possuem a força de uma individualidade independente, a fantasia do discípulo é talvez a mais conveniente. As gratificações da inflação decorrente representam, pelo menos, uma pequena compensação pela perda da liberdade espiritual. Nem devemos subestimar o fato de que a vida de um profeta, real ou imaginário, é cheia de tristezas, desapontamentos e privações; assim, pois, o bando de discípulos e a gritaria do *hosanna* têm o valor de uma compensação. Tudo isto é humanamente tão compreensível, que quase deveria surpreender-nos se conduzisse a algo mais além.

Parte II
Individuação

I

A função do inconsciente

Há uma destinação, uma possível meta além das fases ou estádios   266
de que tratamos na primeira parte deste livro: *é o caminho da individuação.* Individuação significa tornar-se um ser único, na medida em que por
"individualidade" entendermos nossa singularidade mais íntima, última e
incomparável, significando também que *nos tornamos o nosso próprio
si-mesmo.* Podemos pois traduzir "individuação" como "tornar-se si-mesmo" (*Verselbstung*) ou "o realizar-se do si-mesmo" (*Selbstverwirklichung*).

As possibilidades de desenvolvimento comentadas nos capítulos an-   267
teriores são, no fundo, *alienações do si-mesmo,* modos de despojar o
si-mesmo de sua realidade, em benefício de um papel exterior ou de um
significado imaginário. No primeiro caso, o si-mesmo recua para o pano de
fundo e dá lugar ao reconhecimento social; no segundo, dá lugar ao sentido autossugestivo de uma imagem primordial. Em ambos os casos, verifica-se uma preponderância do coletivo. A renúncia do si-mesmo em favor
do coletivo corresponde a um ideal social; passa até mesmo por dever social e virtude, embora possa significar às vezes um abuso egoísta. O egoísta
("*selbstisch*") nada tem a ver com o conceito de si-mesmo, tal como aqui o
usamos. Por outro lado, a realização do si-mesmo parece ser o contrário do
despojamento do si-mesmo. Este mal-entendido é geral, uma vez que não
se distingue corretamente individualismo de individuação. Individualismo
significa acentuar e dar ênfase deliberada a supostas peculiaridades, em
oposição a considerações e obrigações coletivas. A individuação, no entanto, significa precisamente a realização melhor e mais completa das qualidades coletivas do ser humano; é a consideração adequada e não o esquecimento das peculiaridades individuais, o fator determinante de um melhor
rendimento social. A singularidade de um indivíduo não deve ser compreendida como uma estranheza de sua substância ou de suas componentes,

mas sim como uma combinação única, ou como uma diferenciação gradual de funções e faculdades que em si mesmas são universais. Cada rosto humano tem um nariz, dois olhos etc., mas tais fatores universais são variáveis e é esta variabilidade que possibilita as peculiaridades individuais. A individuação, portanto, só pode significar um processo de desenvolvimento psicológico que faculte a realização das qualidades individuais dadas; em outras palavras, é um processo mediante o qual um homem se torna o ser único que de fato é. Com isto, não se torna "egoísta", no sentido usual da palavra, mas procura realizar a peculiaridade do seu ser e isto, como dissemos, é totalmente diferente do egoísmo ou do individualismo.

268   Entretanto, na medida em que o indivíduo humano, como unidade viva, é composto de fatores puramente universais, é coletivo e de modo algum oposto à coletividade. A ênfase individualística de sua própria peculiaridade representa, pois, uma contradição frente a este fato básico do ser vivo. A individuação, pelo contrário, tem por meta a cooperação viva de todos os fatores. Mas como os fatores universais sempre se apresentam em forma individual, uma consideração plena dos mesmos também produzirá um efeito individual, que não poderá ser superado por outro e muito menos pelo individualismo.

269   A meta da individuação não é outra senão a de despojar o si-mesmo dos invólucros falsos da persona, assim como do poder sugestivo das imagens primordiais. Do que até agora foi dito depreende-se claramente o significado psicológico da persona. Entretanto, quando nos voltamos para o outro lado, isto é, para as influências do inconsciente coletivo, encontramo-nos num obscuro mundo interior, de compreensão muito mais difícil do que a da psicologia da persona, acessível a qualquer um. Não há quem não saiba o que significa "assumir um ar oficial", ou "desempenhar seu papel na sociedade". Através da persona o homem quer *parecer* isto ou aquilo, ou então se esconde atrás de uma "máscara", ou até mesmo constrói uma persona definida, a modo de muralha protetora. Assim, pois, o problema da persona não apresenta grandes dificuldades intelectuais.

270   Mas é outra coisa tentar descrever, de um modo que todos possam compreender, os processos interiores sutis que irrompem na consciência com força sugestiva. Talvez o melhor modo de ilustrar tais influências seja o de recorrermos a exemplos de doenças mentais,

O eu e o inconsciente 65

de inspirações criadoras e de conversões religiosas. Uma excelente representação de tal transformação interna, de certo modo copiada da realidade, encontramo-la no livro de H.G. Wells: *Christina Alberta's Father*[1]. Transformações da mesma ordem são descritas no excelente livro *L'Hérédo*[2], de Leon Daudet. Podemos também encontrar um copioso material em William James: *Varieties of Religious Experience*[3]. Em muitos casos deste tipo, existem fatores externos que produzem diretamente a mudança, ou pelo menos predispõem a ela; mas nem sempre o fator externo explica suficientemente tais mudanças de personalidade. Devemos reconhecer que estas também podem provir de motivos internos e subjetivos, de opiniões e convicções, nos quais os fatores externos desempenham um papel insignificante ou nulo. Nas mudanças patológicas da personalidade, este papel pode ser considerado como o fator geral. Os casos de psicose, que representam uma reação simples e evidente a algum acontecimento externo e irresistível, são exceções. Por isso, no campo da psiquiatria o fator etiológico essencial é a predisposição patológica herdada ou adquirida. O mesmo poderá dizer-se acerca da maioria das intuições criadoras, pois é difícil supor uma relação meramente causal entre a maçã que cai e a teoria da gravitação de Newton. Do mesmo modo, todas as conversões religiosas que não procedem diretamente da sugestão ou do contágio do exemplo são devidas a processos interiores autônomos, que culminam numa transformação da personalidade. Tais processos têm a particularidade de ser inicialmente subliminais, isto é, inconscientes, só alcançando a consciência de modo gradual. O momento da irrupção pode, entretanto, ser repentino, de maneira que a consciência é como que inundada instantaneamente por conteúdos estranhos e inesperados. Os leigos e os que são atingidos pelo fenômeno assim poderão julgar; mas não o perito, que sabe não existirem tais transformações repentinas. Na realidade, a irrupção se preparou através de muitos anos, às vezes durante a metade da vida: já na infância ter-se-ia podido verificar muitas particularidades que,

---

1. WELLS, H.G. *Christina Alberta's Father*. Londres/Nova York: [s.e.], 1925.
2. DAUDET, L. *L'Hérédo*. Paris: [s.e.], 1916.
3. *The Varieties of Religious Experience*. A Study in Human Nature. 30. ed. Londres/Cambridge (Mass.): [s.e.], 1902.

mais ou menos, já indicariam simbolicamente futuros desenvolvimentos anormais. Lembro-me, por exemplo, de um doente mental que se recusava a comer, criando também uma estranha dificuldade à alimentação por meio de sonda nasal. Era necessário recorrer à anestesia antes de introduzi-la. O paciente sabia engolir a língua, isto é, sabia como empurrá-la garganta abaixo, fato insólito para mim, nessa época. Num intervalo de lucidez, contou-me a seguinte história: quando menino, tentava imaginar os meios de suicidar-se, vencendo os obstáculos que pudessem opor a esse intento. Primeiro, tentou reter a respiração, mas constatou que ao chegar a um estado de semiconsciência recomeçava a respirar. Desistiu dessa tentativa e pensou na possibilidade de recusar o alimento. Tal fantasia o satisfez, até o momento em que descobriu que poderiam alimentá-lo, introduzindo o alimento pela cavidade nasal. Começou então a imaginar o modo pelo qual conseguiria obstruir esse conduto, ocorrendo-lhe a ideia de empurrar a língua para trás. A princípio não o conseguiu, mas com o exercício regular chegou a engolir a língua, tal como às vezes acontece acidentalmente nos indivíduos anestesiados; quanto a ele, obteve esse resultado pelo relaxamento artificial dos músculos que ficam à base da língua.

271 Desse modo estranho, o menino se preparava para uma futura psicose. Depois da segunda crise, enlouqueceu de modo incurável. Este exemplo, entre outros, é suficiente para mostrar como a irrupção posterior e aparentemente súbita de conteúdos desconhecidos na realidade não o é, constituindo o resultado de um processo inconsciente que se desenrola através de muitos anos.

272 O grande problema se propõe aqui: em que consistem os processos inconscientes? Como se formam? Naturalmente, na medida em que são inconscientes, nada se pode dizer a respeito. Entretanto, às vezes, manifestam-se parcialmente através de sintomas, ações, opiniões, afetos, fantasias e sonhos. Com o auxílio desses materiais de observação, podemos tirar conclusões indiretas acerca da constituição e do estado momentâneos do processo inconsciente e de seu desenvolvimento. Não devemos, entretanto, iludir-nos, pensando ter descoberto a *verdadeira natureza* do processo inconsciente. Jamais conseguiremos ultrapassar o hipotético "como se".

"Nenhum espírito criado poderá mergulhar nas profundidades 273
da natureza", e nem do inconsciente. Sabemos, porém, que o inconsciente nunca está em repouso. Sua atividade parece ser contínua, pois mesmo quando dormimos sonhamos. É verdade que há muitas pessoas que afirmam nunca sonharem; o mais provável é que não se lembrem de seus sonhos. Não deixa de ser significativo o fato de que as pessoas que falam dormindo em geral não se lembram do sonho que as fez falar e nem mesmo se lembram de ter sonhado. É raro passar um dia sem que cometamos algum erro ao falar, sem que desapareça da nossa memória algo de que antes nos lembrávamos ou sem que nos subjugue um estado de ânimo, cuja origem desconhecemos etc. Todas estas coisas são sintomas da contínua atividade do nosso inconsciente, que à noite se evidencia nos sonhos e, durante o dia, vence ocasionalmente as inibições impostas pela consciência.

Na medida do alcance de nossa experiência atual, podemos dizer 274
que *os processos inconscientes se acham numa relação compensatória em relação à consciência*. Uso de propósito a expressão "compensatória" e não a palavra "oposta", porque consciente e inconsciente não se acham necessariamente em oposição, mas se complementam mutuamente, para formar uma totalidade: o *si-mesmo* (*Selbst*). De acordo com esta definição, o si-mesmo é uma instância que engloba o eu consciente. Abarca não só a psique consciente, como a inconsciente, sendo, portanto, por assim dizer, uma personalidade que *também* somos. Podemos facilmente imaginar que possuímos almas parciais. Conseguimos, por exemplo, representar nossa persona, sem grande dificuldade. Mas ultrapassa o poder da nossa imaginação a clara imagem do que somos enquanto si-mesmo, pois nesta operação a parte deveria compreender o todo. É impossível chegar a uma consciência aproximada do si-mesmo, porque por mais que ampliemos nosso campo de consciência, sempre haverá uma quantidade indeterminada e indeterminável de material inconsciente, que pertence à totalidade do si-mesmo. Este é o motivo pelo qual o si-mesmo sempre constituirá uma grandeza que nos ultrapassa.

Os processos inconscientes compensadores do eu consciente 275
contêm todos os elementos necessários para a autorregulação da psique como um todo. No nível pessoal, tais processos inconscientes são constituídos por motivos pessoais que a consciência não reconhece,

mas que afloram nos sonhos, ou são significados de situações cotidianas negligenciadas, de afetos que não nos permitimos e críticas a que nos furtamos. Entretanto, quanto mais conscientes nos tornamos de nós mesmos através do autoconhecimento, atuando consequentemente, tanto mais se reduzirá a camada do inconsciente pessoal que recobre o inconsciente coletivo. Desta forma, vai emergindo uma consciência livre do mundo mesquinho, susceptível e pessoal do eu, aberta para a livre participação de um mundo mais amplo de interesses objetivos. Essa consciência ampliada não é mais aquele novelo egoísta de desejos, temores, esperanças e ambições de caráter pessoal, que sempre deve ser compensado ou corrigido por contratendências inconscientes; tornar-se-á uma função de relação com o mundo de objetos, colocando o indivíduo numa comunhão incondicional, obrigatória e indissolúvel com o mundo. As complicações que ocorrem neste estádio já não são conflitos de desejos egoístas, mas dificuldades que concernem à própria pessoa e aos outros. Neste estádio aparecem problemas gerais que ativaram o inconsciente coletivo; eles exigem uma compensação coletiva e não pessoal. É então que podemos constatar que o inconsciente produz conteúdos válidos, não só para o indivíduo, mas para outros: para muitos e talvez para todos.

276   Os elgonyi, que vivem nas florestas virgens do Elgon, me explicaram certa vez que há duas espécies de sonhos: o sonho cotidiano do homem comum e a "grande visão", que só os grandes homens têm, como por exemplo, o mago e o cacique. Os pequenos sonhos não têm importância alguma; mas quando alguém sonha um "grande sonho", convoca a tribo para contá-lo a todos.

277   Mas como se sabe, porém, se o sonho é "grande" ou "pequeno"? Por um sentimento intuitivo de sua importância significativa. Tal impressão é de tal modo avassaladora, que o indivíduo jamais pensaria guardá-lo para si. *Tem* de contá-lo, supondo, de um modo psicologicamente correto, que o sonho é importante para todos. Mesmo entre nós, o sonho coletivo é carregado de uma importância significativa que nos impele a comunicá-lo. Originando-se de um conflito de relação, deve ser levado à relação consciente, porque compensa esta última e não apenas a um defeito pessoal interior.

278   Os processos do inconsciente coletivo não dizem respeito somente às relações mais ou menos pessoais de um indivíduo com sua

O eu e o inconsciente 69

família, ou com um grupo social; dizem respeito à comunidade humana em geral. Quanto mais ampla e impessoal for a condição que desencadeia a reação inconsciente, mais estranha e irresistível será a manifestação compensadora. Esta última não só impele à comunicação particular, como à sua revelação ou confissão; poderá até mesmo pressionar o indivíduo a assumir um papel representativo.

Ilustrarei, com um exemplo, o modo pelo qual o inconsciente compensa as relações. Certa vez um senhor arrogante me procurou para tratar-se. Ele dirigia um negócio, com seu irmão mais jovem. A relação entre ambos era muito tensa e isto constituía um dos motivos da neurose do meu paciente. As razões que este me apresentava para explicar o verdadeiro motivo da tensão entre ele e o irmão não me pareciam de forma alguma claras e convincentes. Criticava esse irmão de todos os modos possíveis e não propunha uma imagem favorável de sua competência. No entanto, este último aparecia frequentemente em seus sonhos, desempenhando sempre o papel de um Bismarck, de um Napoleão, ou de um Júlio César. Sua casa parecia o Vaticano ou Yildiz Kiosk. Era claro que o inconsciente do senhor em questão necessitava exaltar a categoria do irmão mais jovem. Este fato me levou a concluir que, na vida real, meu paciente se superestimava e depreciava o irmão. O desenrolar posterior desta análise justificou minha conclusão. 279

Outra paciente, uma jovem que amava apaixonadamente a mãe, sempre sonhava com ela de modo desfavorável. Esta aparecia em seus sonhos como bruxa, como um fantasma ou como uma perseguidora. A mãe a mimara exageradamente e a cegara com sua ternura; a filha não podia, pois, reconhecer conscientemente a influência nociva da mãe sobre ela. Seu inconsciente, no entanto, exerceu uma crítica nitidamente compensadora em relação à mãe. 280

Aconteceu-me certa vez subestimar em excesso uma paciente, tanto do ponto de vista intelectual, quanto moral. Em seguida tive um sonho: um castelo se erguia no alto de um penhasco. Na torre mais elevada havia um balcão e nele estava a minha paciente. Não hesitei em contar-lhe o sonho, naturalmente com o melhor resultado. 281

É fato conhecido que costumamos desempenhar um mau papel diante das pessoas que subestimamos injustamente. Pode, entretanto, 282 suceder o contrário e foi isto que aconteceu com um amigo meu. Era ele ainda um jovem estudante quando decidiu solicitar uma audiência junto ao "excelentíssimo senhor" Virchow. Ao apresentar-se diante dele, trêmulo de emoção, balbuciou, tentando dizer o próprio nome: "Eu me chamo Virchow". Ao que sua excelência respondeu, com um sorriso malicioso: "Ah, o senhor também se chama Virchow?" A sensação da própria insignificância fora excessiva para o inconsciente do meu amigo e isto o induziu a apresentar-se a Virchow como alguém da mesma grandeza.

283   Nestas relações de caráter preponderantemente pessoal não se trata, é claro, de compensações por assim dizer coletivas; no primeiro caso, pelo contrário, as figuras usadas pelo inconsciente são de natureza coletiva: são heróis mundialmente conhecidos. Pois bem, nos dois últimos casos mencionados há duas possibilidades de interpretação: ou o irmão mais novo do meu paciente devia ser um homem de reconhecido e amplo valor coletivo, ou meu paciente se supervalorizava não só em relação a ele, mas a todos. Não havia razões concretas que confirmassem a primeira hipótese; quanto à segunda foi-se tornando cada vez mais evidente. Daí a grande arrogância do meu paciente diante do irmão e do grupo mais amplo da sociedade; assim, pois, a compensação valeu-se de uma imagem coletiva.

284   Pode-se dizer o mesmo do segundo caso. A "bruxa" é uma imagem coletiva. Devemos, portanto, deduzir que o amor cego da jovem não se referia só à mãe, mas a um grupo social mais amplo. Era este o caso, pois ela ainda vivia num mundo exclusivamente infantil, em que identificava tudo com a imagem dos pais. Os exemplos citados se referem a relações dos limites pessoais. Há, porém, um tipo de relação impessoal que exige às vezes uma compensação consciente. Em tais casos aparecem imagens coletivas de caráter mais ou menos mitológico. Trata-se, em primeiro lugar, de problemas morais, filosóficos e religiosos que, devido à sua validez universal, provocam compensações mitológicas. No livro já citado de H.G. Wells, encontramos uma forma clássica de compensação: Preemby, uma espécie de edição de bolso em termos de personalidade, descobre que é a verdadeira reencarnação de Sargão, o rei dos reis. Mas o gênio do autor soube salvar o pobre Sargão do infortúnio meramente patológico de seu disparate, deixando

O eu e o inconsciente 71

transparecer o sentido trágico e eterno de tão lamentável absurdo: Mr. Preemby, um zero à esquerda, sente-se como um ponto de interseção de todas as épocas passadas e futuras. Tal revelação custa-lhe uma loucura pacífica, dado que o pequeno Mr. Preemby se livra do risco iminente de ser engolido por uma protoimagem.

O problema genérico do mal e do pecado representa outro aspecto de nossas relações impessoais com o mundo. Por isso produz compensações coletivas, mais do que qualquer outro problema. Um paciente que sofria de uma grave neurose obsessiva teve aos dezesseis anos um sonho que, sem dúvida, já representava um sintoma inicial: *estava escuro, ele caminhava por uma rua desconhecida, quando ouviu passos que o seguiam. Andou mais depressa, atemorizado. Os passos aproximavam-se cada vez mais. Começou a correr, sentia um medo crescente. Os passos pareciam alcançá-lo. Enfim, olhou para trás e deparou com o diabo. Mortalmente assustado, deu um salto e ficou como que suspenso no ar.* Este sonho se repetiu duas vezes, indicando assim sua especial importância. 285

Como se sabe, a neurose obsessiva, com seus escrúpulos e obsessões de cunho cerimonial, não tem só a aparência de um problema moral; interiormente é cheia de desumanidade, criminalidade e maldade implacável, contra cuja integração a personalidade resiste desesperadamente; de resto, esta última pode ser suave e bem organizada. O motivo pelo qual tantos atos devem ser realizados de um modo cerimonial e "correto" é a suposição de que representam o contrapeso diante do mal que ameaça de dentro. Depois do sonho citado, manifestou-se a neurose; ela consistia essencialmente no esforço do paciente manter-se, como ele mesmo dizia, num estado "provisório", "incontaminado" de pureza. Para consegui-lo, evitava ou "anulava" todo contato com o mundo e com as coisas que lembravam sua transitoriedade. Isso era obtido através de incríveis complicações, cerimônias escrupulosas de purificação e a observância estrita de inúmeras regras, extremamente complexas. Antes mesmo que o paciente pressentisse a existência infernal que o aguardava, o sonho lhe mostrara que devia fazer um pacto com o diabo, se quisesse voltar a pisar a terra firme. 286

287   Mencionei em outra parte o sonho de um jovem estudante de teologia, sonho este que ilustra a compensação de seu problema religioso[4]. Tratava-se de um emaranhado de dificuldades de fé, o que não é raro no homem moderno. No sonho, ele era o discípulo de um "mago branco", que só se vestia de negro. Este o ensinou até certo ponto, a partir do qual teria que recorrer ao "mago negro". Este último se vestia de branco e afirmou ter encontrado as chaves do paraíso; mas precisava recorrer à sabedoria do mago branco para saber usá-las. Tal sonho contém, como é evidente, o problema dos opostos. Este problema, como sabemos, encontrou na filosofia taoísta uma solução bem diversa dos pontos de vista que prevaleceram no Ocidente. As imagens mobilizadas pelo sonho são impessoais, coletivas, e correspondem à natureza impessoal dos problemas religiosos. Em contraste com a visão cristã, o sonho realça a relatividade do bem e do mal de um modo que lembra imediatamente o conhecido símbolo do Yang e do Yin.

288   Não devemos, porém, concluir, à base de tais compensações, que quanto mais a consciência se embrenha nos problemas universais, tanto maior deve ser o alcance das compensações produzidas pelo inconsciente. Há, por assim dizer, um interesse *legítimo* e outro *ilegítimo* com os problemas impessoais. São legítimas as excursões que surgem de uma profunda e autêntica necessidade individual e ilegítimas as que representam apenas uma curiosidade intelectual, ou a tentativa de evadir-se de uma realidade desagradável. Neste último caso, o inconsciente produz compensações demasiado pessoais e humanas, cuja meta é a de reconduzir a consciência à realidade imediata. As pessoas que se entusiasmam ilegitimamente com o infinito têm muitas vezes sonhos ridículos e banais, que procuram abrandar tal exaltação. Assim é que pela natureza da compensação podemos tirar conclusões acerca da seriedade e da autenticidade das aspirações conscientes.

---

4. Cf. "Sobre os arquétipos do inconsciente coletivo". In: JUNG, C.G. *Von den Wurzeln des Bewusstseins*: Studien über den Archetypus (vol. 9 de Psychologische Abhandlungen). Zurique: Rascher, 1954, p. 46s. [OC, 9/1; § 70s.]; "A fenomenologia do espírito no conto de fadas". In: JUNG, C.G. *Symbolik des Geistes*. Zurique: Rascher, 1953, p. 16s. [OC, 9/1; § 398s.]; *Psychologie und Erziehung*. Zurique: Rascher, 1950, p. 96s. [OC, 7/2; § 208s.].

Não são poucas as pessoas que têm medo de admitir que o inconsciente possa ter, até certo ponto, "grandes" ideias. Certamente, objetarão: "Mas o senhor acredita mesmo que o inconsciente é capaz de formular uma crítica de algum modo construtiva para nossa mentalidade de homens ocidentais?" Isso seria realmente um absurdo se tomássemos o problema do ponto de vista intelectual e atribuíssemos ao inconsciente uma psicologia consciente. Sua mentalidade é de caráter instintivo, não tem funções diferenciadas, nem *pensa* segundo os moldes daquilo que entendemos por "pensar". Ele somente cria uma imagem que responde à situação da consciência; esta imagem é tão impregnada de ideia como de sentimento e poderá ser tudo, menos o produto de uma reflexão racionalista. Seria mais certo considerarmos tal imagem como uma *visão artística*. Não devemos esquecer que o problema subjacente ao sonho mencionado é uma profunda questão emocional e não um problema intelectual, formulado na consciência do sonhador. Para um homem de sensibilidade moral, o problema ético constitui uma questão apaixonada que se enraíza tanto nos processos instintivos, mais profundos, como em suas aspirações mais idealistas. Tal problema é profundamente real. Não é de admirar-se, pois, que a ele responda o mais profundo de sua natureza. O psicólogo não deve preocupar-se com o fato de que cada um considere sua psicologia a medida de todas as coisas, nem de que tal observação não lhe passe pela cabeça (no caso de ser um tolo); o psicólogo deverá encarar as coisas objetivamente, sem mutilá-las em benefício de uma hipótese subjetiva. Pois bem, assim como os indivíduos de natureza mais rica e abarcante podem empolgar-se legitimamente com um problema impessoal, assim também seu inconsciente responderá no mesmo registro. E ao consciente, que pode indagar por que existe esse terrível conflito entre o bem e o mal, o inconsciente poderá responder: "Olha bem, os dois necessitam-se mutuamente; pois mesmo no melhor e precisamente no melhor existe o germe do mal. E nada é tão mau que não possa produzir um bem."

O sonhador poderia desconfiar que o conflito, aparentemente insolúvel, fosse um preconceito de uma mentalidade subordinada a certo tempo e lugar. A imagem do sonho, aparentemente complicada, revelaria um senso comum instintivo e gráfico, uma espécie de embrião de uma ideia racional que teria podido ocorrer conscientemente a um espírito mais maduro. Em todo o caso, a filosofia chinesa concebeu-a há muito tempo. A singular configuração, plástica e acertada do pensamento, é uma prerrogativa dessa mente natural e primitiva que vive em todos nós e que só pode ser obscurecida por uma consciência desenvolvida de modo unilateral. Se observarmos deste ponto de vista as compensações produzidas pelo inconsciente, poder-se-á dizer com razão que julgamos o inconsciente, sublinhando demais o ponto de vista da consciência. De fato, ao formular estas reflexões sempre parti do ponto de vista que o inconsciente não faz mais do que reagir aos conteúdos conscientes; é como se faltasse ao primeiro qualquer iniciativa, apesar de sua reação ser rica de significado. Não pretendo, no entanto, provar que em *todos os casos* o inconsciente é apenas reativo. Pelo contrário, há muitas experiências que parecem demonstrar a espontaneidade do inconsciente e sua possibilidade de apropriar-se da direção do processo psíquico. São inúmeros os casos de pessoas que permaneceram estagnadas numa inconsciência mesquinha, até que por fim se tornaram neuróticas. A neurose desencadeada pelo inconsciente tira-as da apatia, muitas vezes contrariando sua preguiça e sua desesperada resistência.

291   Acho, no entanto, que seria um erro supor que em tais casos o inconsciente atua segundo um plano geral e preestabelecido, tendendo para uma determinada meta e sua realização. Jamais encontrei algo que pudesse fundamentar tal hipótese. O motivo propulsor – na medida em que podemos percebê-lo – parece ser essencialmente um instinto de realização do si-mesmo. Se se tratasse de um plano geral ou teleológico, todos os indivíduos dotados de um inconsciente excessivo deveriam ser impelidos irresistivelmente para um estado superior de consciência. Isto não se dá. Há camadas inteiras da população que apesar de sua notória inconsciência não são atingidas pela neurose. Os que sofrem tal destino, a minoria, representam na realidade um tipo humano "superior", que por um motivo qualquer permaneceu muito tempo num estádio primitivo. Com o correr do tempo, sua natureza não resistiu a essa apatia antinatural. A estreiteza de sua esfera consciente e a limitação de sua vida e existência lhe pouparam a energia; pouco a pouco esta se acumulou no inconsciente, explodindo afinal sob a forma de uma neurose mais ou menos aguda. Este mecanismo simples não supõe um "plano" básico. Basta, para explicá-lo, o instinto de realização do si-mesmo, perfeitamente compreensível. Poder-se-ia também considerá-lo como um amadurecimento tardio da personalidade.

O eu e o inconsciente   75

Provavelmente estamos muito longe ainda de ter alcançado o   292
cume da consciência absoluta. Todo ser humano é capaz de ascender
a uma consciência mais ampla, razão pela qual podemos supor que os
processos inconscientes, sempre e em toda parte, levam à consciência
conteúdos que, uma vez reconhecidos, ampliam o campo desta última.
Sob este prisma, o inconsciente se afigura um campo de experiência de
extensão indeterminada. Se ele fosse apenas reativo frente à consciência, poderíamos perfeitamente considerá-lo como um *mundo-espe-
cular do psiquismo*. Neste caso, a fonte essencial de todos os conteúdos
e atividades estaria na consciência; nada haveria no inconsciente além
dos reflexos distorcidos de conteúdos conscientes. O processo criador
encontrar-se-ia encerrado na consciência, e toda inovação seria sempre uma descoberta ou habilidade consciente. Os fatos empíricos não
confirmam tal suposição. Todo homem criador sabe que o elemento
involuntário é a qualidade essencial do pensamento criador. E porque
o inconsciente não é apenas um espelhar reativo, mas atividade produ-
tiva e autônoma, seu campo de experiência constitui uma realidade,
um mundo próprio. Deste último podemos dizer que atua sobre nós
do mesmo modo que atuamos sobre ele, ou seja, o mesmo que podemos dizer acerca do campo empírico do mundo exterior. Mas enquanto no mundo exterior os objetos são os elementos constitutivos, na in-
terioridade os elementos constitutivos são os fatores psíquicos.

A ideia da objetividade psíquica não é de forma alguma uma   293
nova descoberta; representa, muito pelo contrário, uma das primeiras e mais amplas "conquistas" da humanidade: a convicção concreta
do *mundo dos espíritos*. O mundo dos espíritos não foi uma descoberta, como, por exemplo, a do fogo pela fricção, mas sim a experiência ou conscientização de uma realidade tão válida quanto a do
mundo material. Duvido que haja primitivos que não conheçam a
"influência mágica" ou a "substância mágica". (A palavra "mágica" é
outra designação do fator psíquico.) Parece também que todos sabem
algo acerca da existência dos espíritos[5]. O "espírito" é um fato psíquico. Assim como distinguimos nossa própria corporalidade dos
corpos alheios, os primitivos também distinguem entre suas almas

---

5. Nos casos contrários, devemos levar em conta o fato de que às vezes o medo dos espíritos é tão grande que as pessoas negam tê-lo. Constatei isto entre os habitantes do Elgon.

(quando possuem alguma representação acerca das mesmas) e os espíritos; estes últimos são sentidos como algo de estranho e alheio ao homem. São objeto da percepção externa, ao passo que a própria alma (ou uma das diversas almas, quando acreditam em sua pluralidade), não o é, apesar de aparentar-se por afinidade aos espíritos. Depois da morte, a alma (ou uma das diversas almas) torna-se um espírito que sobrevive ao morto; manifesta então, muitas vezes, uma deterioração de caráter, o que contradiz parcialmente a ideia de uma imortalidade pessoal. Os batak[6] afirmam que os homens que em vida foram bons tornam-se malévolos e perigosos como espíritos. Quase tudo que os primitivos dizem acerca das travessuras que os espíritos se permitem em relação aos vivos e principalmente a imagem que têm dos "revenants" corresponde, nos mínimos detalhes, aos fenômenos constatados nas experiências dos espíritas. E tal como é possível perceber, nas comunicações dos "espíritos" que comparecem nas seções espíritas, a atividade de fragmentos psíquicos, assim também podemos interpretar os espíritos primitivos como manifestações de complexos inconscientes[7]. A importância atribuída pela psicologia moderna ao "complexo parental" é o prosseguimento imediato da experiência primitiva concernente à eficácia perigosa do espírito dos pais. Os primitivos, em sua suposição (impensada) de que os espíritos são realidades do mundo exterior, cometem um erro de julgamento; este erro, porém, tem seu prolongamento na hipótese (só parcialmente verdadeira) de que nossos pais são os responsáveis pelo complexo parental. Na antiga teoria do trauma da psicanálise freudiana e além dela, tal suposição tinha a validez de uma explicação científica. (Para evitar esta falta de clareza, propus a expressão "imago parental")[8].

294   Naturalmente, o homem ingênuo não percebe, ao nível da consciência, que seus parentes mais próximos, cuja influência sobre ele é

---

6. WARNECK, J. Die Religion der Batak. In: BÖHMER, J. (org.). *Religionsurkunden der Völker*, vol. 1. Leipzig: [s.e.], 1909.

7. Cf. Die psychologischen Grundlagen des Geisterglaubens. In: JUNG, C.G. *Über psychische Energetik und das Wesen der Träume*. Zurique: Rascher, 1948 (vol. II da série: Psychologische Abhandlungen) [OC, 8]. Cf. tb. JAFFÉ, A. *Geistererscheinungen und Vorzeichen*. Zurique: Daimon, 1958.

8. Tal expressão foi empregada pela psicanálise, e substituída, na psicologia analítica, pelos termos de "imagem primordial" e "arquétipo paterno ou materno".

direta, só em parte coincidem com a *imagem* que deles tem; a outra parte dessa imagem é constituída de um material que procede do próprio sujeito. A *imago* nasce das influências dos pais e das reações específicas do filho; por conseguinte é uma imagem que reproduz o objeto de um modo bem condicional. O homem ingênuo crê, porém, que seus pais são tais como ele os vê. A imagem é projetada inconscientemente e, quando os pais morrem, continua a atuar como se fosse um espírito autônomo. Os primitivos falam do espírito dos pais que voltam à noite (*revenants*); o homem moderno denomina esta mesma realidade de complexo paterno ou materno.

Quanto mais limitado for o campo consciente de um indivíduo, tanto maior será o número de conteúdos psíquicos (*imagines*) que se manifestam exteriormente, quer como espíritos, quer como poderes mágicos projetados sobre vivos (magos, bruxas). Num estádio superior de desenvolvimento, quando já existem representações da alma, nem todas as imagens continuam projetadas (quando a projeção continua, até mesmo as árvores e as pedras dialogam); nesse novo estádio, um complexo ou outro pode aproximar-se da consciência, a ponto de não ser percebido como algo estranho, mas sim como algo próprio. Tal sentimento, no entanto, não chega a absorver o referido complexo como um conteúdo subjetivo da consciência. Ele fica, de certo modo, entre o consciente e o inconsciente, numa zona crepuscular: por um lado, pertence ao sujeito da consciência, mas por outro lhe é estranho, mantendo uma existência autônoma que o opõe ao consciente. De qualquer forma, não obedece necessariamente à intenção subjetiva, mas é superior a esta, podendo constituir um manancial de inspiração, de advertência, ou de informação "sobrenatural". Psicologicamente, tal conteúdo poderá ser explicado como sendo parcialmente autônomo e não totalmente integrado ao complexo da consciência. Esses complexos são as almas primitivas, as *ba* e *ka* egípcias. Num nível mais alto e particularmente entre os povos civilizados do Ocidente, este complexo é sempre feminino (anima e Ψυχή), certamente devido a motivos profundos e significativos.

II

Anima e *animus*

296   Entre os espíritos possíveis, os espíritos dos pais são praticamente os mais importantes; daí a difusão universal do *culto dos antepassados*. Em sua forma original, esse culto serviu para apaziguar os "*revenants*", mas se transformou depois, num nível superior, numa instituição essencialmente moral e educacional, como, por exemplo, na China. Para a criança, os pais são os familiares mais próximos e mais influentes. Na idade adulta, porém, tal influência é interrompida; consequentemente, as imagos parentais são cada vez mais afastadas da consciência e, devido à influência restritiva que continuam a exercer, adquirem em geral um aspecto negativo. Deste modo, as imagos parentais se tornam estranhas, transferidas para uma espécie de "exterior" psíquico. Na vida do homem adulto, a *mulher* ocupa o lugar dos pais, como influência do ambiente mais próximo. Ela acompanha o homem e lhe pertence, na medida em que partilhar de sua vida e for mais ou menos da mesma idade; não é superior a ele pela idade, pela autoridade ou pela força física. É, porém, um fator muito influente e, como os pais, gera uma imago de natureza relativamente autônoma. Esta imago, no entanto, não deve ser rompida como a dos pais; deve ser conservada na consciência do homem e a ela associada. A mulher, com sua psicologia tão diversa da psicologia masculina, é e sempre foi uma fonte de informação sobre as coisas que o homem nem mesmo vê. É capaz de inspirá-lo e sua capacidade intuitiva, muitas vezes superior à do homem, pode adverti-lo convenientemente. Seu sentimento, orientado para as coisas pessoais, é apto para indicar-lhe caminhos; sem essa orientação, o sentimento masculino, menos orientado para o elemento pessoal, não os descobriria. O que Tá-

Obra Completa — Vol. 7/2

cito diz sobre as mulheres germânicas é muito procedente no que a isto se refere[1].

Reside aqui, sem dúvida, uma das principais fontes da qualidade feminina da alma. Mas, ao que parece, não é a única fonte. Não há homem algum tão exclusivamente masculino que não possua em si algo de feminino. O fato é que precisamente os homens muito masculinos possuem (se bem que oculta e bem guardada) uma vida afetiva muito delicada, que muitas vezes é injustamente tida como "feminina". O homem considera uma virtude reprimir da melhor maneira possível seus traços femininos. Analogamente, a mulher, até há pouco tempo, considerava inconveniente ser varonil. A repressão de tendências e traços femininos determina um acúmulo dessas pretensões no inconsciente. A imago da mulher (a alma) torna-se, com a mesma naturalidade, o receptáculo de tais pretensões; por isso, o homem, em sua escolha amorosa, sente-se tentado a conquistar a mulher que melhor corresponda à sua própria feminilidade inconsciente: a mulher que acolha prontamente a projeção de sua alma. Embora uma escolha desse tipo possa ser considerada e sentida como um caso ideal, poderá também representar a opção do homem por seu lado fraco. (Isto esclareceria muitos casamentos estranhos.)

Parece-me, no entanto, que além da influência da mulher, o caráter feminino inerente ao homem esclarece a feminilidade do complexo anímico. Não creio que se trate de um mero "acaso" linguístico o fato de, por exemplo, a palavra sol ser do gênero feminino em alemão e do gênero masculino em outras línguas. Temos sobre isso o testemunho da arte de todas as épocas e, principalmente, a conhecida questão: *habet mulier animam?* A maioria dos homens, em particular os que possuem um tipo de compreensão psicológica, sabem o que Rider Haggard pretendia dizer ao falar da "Ela-que-deve-ser-obedecida", ou que corda vibra neles ao lerem a descrição de Antinea feita por Benoît[2]. Sabem também, perfeitamente, que espécie de mulher encarna com mais pregnância este misterioso conjunto de circunstâncias; só que muitas vezes o pressentem com demasiada clareza.

---

1. TÁCITO. *Germania*. § 18, 19.
2. Cf. HAGGARD, H.R. *She*. A History of Adventure. Londres: [s.e.], 1887. • BENOIT, P. *L'Atlantide*. Paris: [s.e.], 1919.

80 O eu e o inconsciente

299 O reconhecimento geral que tais livros desfrutam indica que nessa imagem da anima feminina subjaz algo de supraindividual, algo que não deve sua efêmera existência a uma originalidade meramente individual; representa alguma coisa de típico e suas raízes mergulham profundamente, além dos entrelaçamentos visíveis e superficiais a que nos referimos antes. Rider Haggard e Benoît exprimem de modo inconfundível tal pressentimento, nos *aspectos históricos* de suas figurações da anima.

300 Sabemos que toda e qualquer experiência humana só é possível, dada a presença de uma predisposição subjetiva. Mas em que consiste esta predisposição? Em última instância, consiste numa estrutura psíquica inata, que permite ao homem ter tais experiências. Assim, todo o ser do homem, corporal e espiritualmente, já pressupõe o da mulher. Seu sistema está orientado *a priori* para ela, do mesmo modo que para um mundo bem definido, em que há água, luz, ar, sal, hidratos de carbono etc. A forma do mundo em que nasceu já é inata no homem, como *imagem virtual*. Assim é que pais, mulher, filhos, nascimento e morte são, para ele, imagens virtuais, predisposições psíquicas. Tais categorias aprioristicas são de natureza coletiva: imagens de pais, mulher, filhos em geral, e não constituem predestinações individuais. Devemos pensar nestas imagens como isentas de um conteúdo, sendo, portanto, inconscientes. Elas adquirem conteúdo, influência e por fim se tornam conscientes, ao encontrarem fatos empíricos que tocam a predisposição inconsciente, infundindo-lhe vida. Num certo sentido, *são sedimentos de todas as experiências dos antepassados, mas não essas experiências em si mesmas*. Pelo menos assim nos parece, no estado atual de nosso limitado saber. (Devo confessar que até agora não encontrei uma prova infalível da herança das imagens mnemônicas; em todo o caso não posso assegurar a impossibilidade absoluta de que, ao lado desses sedimentos coletivos, desprovidos de qualquer caráter específico individual, possam ocorrer memórias hereditárias individualmente determinadas.)

301 Há uma imagem coletiva da mulher no inconsciente do homem, com o auxílio da qual ele pode compreender a natureza da mulher. Esta imagem herdada é a terceira fonte importante da feminilidade da alma.

Como o leitor já terá percebido, não estamos tratando de um 302
conceito filosófico e muito menos de um conceito religioso da alma e
sim do reconhecimento psicológico da existência de um complexo
psíquico semiconsciente, cuja função é parcialmente autônoma. É
óbvio que esta constatação nada tem a ver com os conceitos filosóficos ou religiosos da alma, do mesmo modo que a psicologia nada tem
a ver com a filosofia e com a religião. Não pretendo entrar aqui em
qualquer "disputa das faculdades", nem é meu intuito demonstrar ao
filósofo ou teólogo o que *devem* entender por "alma". Proíbo-lhes,
no entanto, que prescrevam ao psicólogo o que *deve* entender por
"alma". A imortalidade pessoal, que a intuição religiosa costuma atribuir à alma, só pode ser reconhecida pela ciência como um indício
psicológico, compreendido no conceito de função autônoma. O atributo da imortalidade pessoal nunca foi um característico da intuição
primitiva da alma e o mesmo pode ser dito da imortalidade em si
mesma. Deixando, porém, de lado, tais intuições inacessíveis à ciência, "imortalidade" significa apenas uma atividade psíquica que ultrapassa os limites da consciência. O "além-túmulo" ou o "depois da
morte" significam psicologicamente o "além da consciência". Nada
mais poderiam significar, uma vez que a afirmação da imortalidade
só pode ser feita por um homem vivo que, por isso mesmo, não está
em condições de pontificar acerca de uma situação "além-túmulo".

A autonomia do complexo psíquico auxilia naturalmente a re- 303
presentação de um ser pessoal e invisível, que vive num mundo diferente do nosso. Assim, pois, a atividade da alma é sentida como a de
um ser autônomo, aparentemente sem ligação com nossa substância
mortal; daí ser fácil imaginar tal ser existindo por si mesmo, talvez
num mundo de coisas invisíveis. Mas não é imediatamente necessário
que a *invisibilidade* deste ser independente signifique também sua
imortalidade. O atributo da imortalidade pode facilmente derivar de
outro fato a que já aludimos: o peculiar aspecto histórico da alma.
Rider Haggard deu-nos em seu livro *She* a melhor descrição desse caráter. Os budistas também, ao afirmarem que o aperfeiçoamento
progressivo, obtido pela interiorização, desperta a memória das en-
carnações anteriores, certamente se referem à mesma realidade psicológica; a diferença é que atribuem o fator histórico ao si-mesmo
(*atman*) e não à alma. Isto mostra a atitude espiritual extrovertida

dos ocidentais, tal como é até hoje e que tende a atribuir a imortalidade – tanto pelo sentimento como pela tradição – a uma alma que se distingue mais ou menos do *eu*, deste se diferenciando por suas qualidades femininas. Seria absolutamente lógico se, mediante um aprofundamento da cultura espiritual introvertida, até agora negligenciada entre nós, ocorresse uma transformação que nos aproximasse mais da forma espiritual do Oriente. Deste modo, transferir-se-ia o atributo da imortalidade da figura ambígua da alma (*anima*) para o si-mesmo. É essencialmente a supervalorização do objeto material e exterior, que constela no interior uma figura espiritual e imortal (naturalmente com o fito de uma compensação e autorregulação). No fundo, o fator histórico não se liga apenas ao arquétipo do feminino, mas também ao arquétipo em geral, isto é, a todas as unidades herdadas, sejam elas físicas ou espirituais. Nossa vida continua a ser como sempre foi. Em nossa mente nada há de transitório, pois os processos fisiológicos e psicológicos dos homens que viveram há centenas de milhares de anos continuam dando-nos o sentimento íntimo e profundo da continuidade "eterna" do que é vivo. Nosso si-mesmo, como síntese de nosso sistema vivo, não só contém o sedimento e a soma de toda vida vivida, como também é o ponto de partida, o ventre materno grávido de toda vida futura e cujo pressentimento se encontra tanto no sentimento subjetivo, como no aspecto histórico. De tais bases psicológicas brota legitimamente a ideia da imortalidade.

304   Na concepção oriental não aparece o conceito da anima, tal como o estabelecemos aqui; assim, também falta, logicamente, o conceito da persona. Tal fato não parece ser um acaso, pois, como já indiquei, há uma relação compensatória entre persona e anima.

305   A persona é um complicado sistema de relação entre a consciência individual e a sociedade; é uma espécie de máscara destinada, por um lado, a produzir um determinado efeito sobre os outros e por outro lado a ocultar a verdadeira natureza do indivíduo. Só quem estiver totalmente identificado com a sua persona até o ponto de não conhecer-se a si mesmo, poderá considerar supérflua essa natureza mais profunda. No entanto, só negará a necessidade da persona quem desconhecer a verdadeira natureza de seus semelhantes. A sociedade espera e tem que esperar de todo indivíduo o melhor desempenho possível da tarefa a ele conferida; assim, um sacerdote não só deve exe-

Obra Completa — Vol. 7/2   83

cutar, objetivamente, as funções do seu cargo, como também desempenhá-las sem vacilar a qualquer hora e em todas as circunstâncias.

Esta exigência da sociedade é uma espécie de garantia: cada um deve ocupar o lugar que lhe corresponde, um como sapateiro, outro como poeta. Não se espera que alguém seja ambas as coisas. Nem é aconselhável que o seja, pois seria estranho demais para os outros. Tal indivíduo, por ser "diferente", suscitaria a desconfiança. No mundo acadêmico seria considerado um *"dilettante"*; politicamente, um "valor imponderável"; religiosamente, um "livre pensador"; em resumo, a suspeita de inconsistência e incompetência cairia sobre ele, uma vez que a sociedade está certa de que só um sapateiro que não seja poeta fará com perícia bons sapatos. A clareza da apresentação pessoal é algo praticamente muito importante, pois a sociedade só reconhece o homem médio, isto é, aquele que tem só *uma* coisa na cabeça, porque se tivesse duas não realizaria um trabalho apreciável: seria demais. Nossa sociedade está orientada indubitavelmente para ideais dessa ordem. Não é de estranhar-se, portanto, que para se chegar a alguma coisa se deva tomar em consideração tais exigências. É claro que como individualidade ninguém pode adaptar-se por completo a essas expectativas; daí a necessidade inegável de construir-se uma personalidade artificial. As exigências do decoro e das boas maneiras se incumbem do resto, para incitar ao uso de um tipo de máscara adequada. Atrás desta última, forma-se então o que chamamos de "vida particular". A separação da consciência em duas figuras que às vezes diferem uma da outra de um modo quase ridículo é um fato bastante conhecido e constitui uma operação psicológica decisiva, que não deixa de ter consequências sobre o inconsciente.

A construção de uma persona coletivamente adequada significa uma considerável concessão ao mundo exterior, um verdadeiro autossacrifício, que força o eu a identificar-se com a persona. Isto leva certas pessoas a acreditarem que são o que imaginam ser. A "ausência de alma" que essa mentalidade parece acarretar é só aparente, pois o inconsciente não tolera de forma alguma tal desvio do centro de gravidade. Se observarmos criticamente casos dessa espécie, descobriremos que a máscara perfeita é compensada, no interior, por uma "vida particular". O piedoso Drummond queixou-se certa vez que "o mau humor é o vício dos virtuosos". Naturalmente, quem constrói uma

306

persona boa demais sofrerá crises de irritabilidade. Bismarck tinha ataques de choro histérico, Wagner mantinha uma correspondência sobre cinturões de seda para batas de dormir, Nietzsche escrevia cartas a um "querido Lama", Goethe mantinha conversações com Eckermann etc. Mas há coisas mais refinadas que esses lapsos banais dos heróis. Certa vez travei relações com um homem venerável – poder-se-ia chamá-lo de santo, sem exagero. Durante três dias dei voltas e voltas sem conseguir encontrar nele a imperfeição dos mortais. Meu sentimento de inferioridade se tornou ameaçador e comecei a pensar seriamente no modo de corrigir-me. No quarto dia, porém, sua mulher veio consultar-me... Nunca mais me aconteceu coisa parecida. Aprendi que um homem identificado com a persona pode transferir todas as suas perturbações à própria mulher, sem que esta o perceba, embora pagando com uma grave neurose seu autossacrifício.

307 Essas identificações com o papel social são fontes abundantes de neuroses. O homem jamais conseguirá desembaraçar-se de si mesmo, em benefício de uma personalidade artificial. A simples tentativa de fazê-lo desencadeia, em todos os casos habituais, reações inconscientes: caprichos, afetos, angústias, ideias obsessivas, fraquezas, vícios etc. O "homem forte" no contexto social é, frequentemente, uma criança na "vida particular", no tocante a seus estados de espírito. Sua disciplina pública (particularmente exigida dos outros) fraqueja lamentavelmente no lar e a "alegria profissional" que ostenta mostra em casa um rosto melancólico. Quanto à sua moral pública "sem mácula", tem um aspecto estranho atrás da máscara – e não falemos de atos, mas só de fantasias: suas mulheres teriam muitas coisas para contar. Quanto ao seu abnegado altruísmo, a opinião dos filhos é outra.

308 O indivíduo tende a identificar-se com a máscara impelido pelo mundo, mas também por influências que atuam de dentro. "O alto ergue-se do profundo", diz Lao-Tsé. É do íntimo que se impõe o lado contrário, tal como se o inconsciente oprimisse o eu com o mesmo poder que a persona exerce sobre ele. À falta de resistência exterior contra a sedução da persona, corresponde uma fraqueza interior relativa às influências do inconsciente. O papel desempenhado fora é atuante e forte, ao passo que dentro vai-se desenvolvendo uma fraqueza efeminada contra todas as influências do inconsciente: estados de espírito momentâneos, caprichos, angústias e uma sexualidade

efeminada (que culmina na impotência) passam, pouco a pouco, para o primeiro plano.

A persona, imagem ideal do homem tal como ele quer ser, é compensada interiormente pela fraqueza feminina; e assim como o indivíduo exteriormente faz o papel de homem forte, por dentro se torna mulher, torna-se anima[3], e é esta que se opõe à persona. O íntimo é obscuro e invisível para a consciência extrovertida, principalmente para o indivíduo que tem dificuldade em reconhecer suas fraquezas, por haver-se identificado com a persona. Portanto, o contrário da persona – a anima – também permanece totalmente no escuro e se projeta. É então que o herói cai sob o jugo da mulher. Nesta situação, se aumentar em demasia o poder desta última, ela não o suportará. Tomada por um sentimento de inferioridade, fornecerá ao homem a prova desejada: não é ele o herói, o indivíduo mesquinho em sua "vida particular", e sim ela. Por seu lado, esta nutrirá a ilusão, atraente para muitas, de que pelo menos se casou com um herói sem que a própria insignificância a preocupe. A este jogo ilusionista se dá muitas vezes o nome de "conteúdo vital".

É importante para a meta da individuação, isto é, da realização do si-mesmo, que o indivíduo aprenda a distinguir entre o que parece ser para si mesmo e o que é para os outros. É igualmente necessário que conscientize seu invisível sistema de relações com o inconsciente, ou seja, com anima, a fim de poder diferenciar-se dela. No entanto, é impossível que alguém se diferencie de algo que não conheça. No que concerne à questão da persona, é fácil explicar ao indivíduo que ele e seu cargo são duas coisas diferentes. Mas no que se refere à anima, a diferenciação é mais difícil pelo fato desta ser invisível. Em primeiro lugar devemos lembrar-nos do preconceito de que tudo o que vem de dentro brota do fundamento essencial da pessoa. O "homem forte" concordará talvez com a acusação de que é indisciplinado na "vida particular", alegando ser esse o *seu fraco*, e com o qual, de certa forma, se faz solidário. Tal tendência revela um legado cultural, que não deve ser negligenciado. Como ele mesmo reconhece, sua perso-

---

3. Cf. a definição deste conceito em: JUNG, C.G. *Tipos psicológicos*. Op. cit. [OC, 6]. Definições, "alma" und "imagem da alma".

na ideal é responsável por sua anima não menos ideal; desse modo, seus ideais são abalados: o mundo se torna ambíguo e ele mesmo se torna ambíguo. Começa a duvidar do bem e, o que é pior, começa a duvidar de sua própria boa intenção. Se pensarmos como são poderosos os pressupostos históricos a que se prende nossa ideia particular do que vem a ser uma boa intenção, compreenderemos que, em benefício de nossa concepção atual do mundo, é mais agradável acusarmo-nos de fraqueza pessoal do que duvidar da força dos ideais.

311 Os fatores inconscientes são realidades determinantes, do mesmo modo que os fatores que regem a vida da sociedade. Ambos têm um caráter coletivo. Assim, tanto posso distinguir entre o que *eu* quero e o que o inconsciente me impõe, como perceber o que o meu cargo exige de mim e o que *eu* desejo. A primeira coisa evidente é a incompatibilidade das pretensões exteriores e interiores, ficando o eu entre ambas, como entre o martelo e a bigorna. Em face deste eu, que na maioria das vezes não passa de um simples joguete das pretensões referidas, há uma instância cuja definição não é fácil; gostaria de não designá-la pelo nome insidioso de "consciência", se bem que esta palavra, em seu melhor significado, sirva muito bem para indicar essa instância. Spitteler[4] diz com muito humor o que essa "consciência" se tornou, em nós. Evitemos, portanto, na medida do possível, este significado particular. Será melhor termos presente aquele trágico jogo de oposições entre o dentro e o fora (representado no Jó e no Fausto como aposta divina): é este, no fundo, o processo energético da vida, a tensão de opostos indispensável para a autorregulação. Mas por diferentes que sejam, em aparência e propósitos, esses poderes antagônicos, no fundo ambos querem e significam a vida do indivíduo; oscilam em torno de sua vida, como se esta fosse o fiel a balança. E justamente porque se relacionam entre si, tendem a unificar-se num sentido mediador; por assim dizer, este último nasce necessariamente do indivíduo, voluntária ou involuntariamente, razão pela qual é por ele pressentido. Tem-se o sentimento íntimo do que deveria ser e do que pode ser. Desviar-se de tal pressentimento significa extravio, erro e doença.

---

4. Cf. SPITTELER, C. *Prometheus und Epimetheus*. Jena: [s.e.], 1915. • JUNG, C.G. *Tipos psicológicos*. Op. cit, p. 227s. [OC, 6; § 261s.].

Não é por acaso que da palavra "persona" derivam os conceitos modernos de "pessoal" e de "personalidade". Assim como posso afirmar que meu *eu* é pessoal, ou que é uma personalidade, também posso dizer, no que se refere à minha persona, que constitui uma personalidade com a qual me identifico num grau maior ou menor. O fato de que deva, então, constatar em mim duas personalidades, nada tem de estranho, uma vez que todo complexo autônomo ou relativamente autônomo tem a particularidade de apresentar-se como personalidade, ou melhor, *personificado*. Onde pode observar-se tal fenômeno, com uma ênfase especial, é nas assim chamadas manifestações espíritas da escrita automática e outras semelhantes. As proposições registradas são sempre declarações pessoais na forma da primeira pessoa, em *eu*, como se por detrás de cada fragmento dessas proposições se encontrasse uma personalidade. O raciocínio ingênuo deduz imediatamente que se trata de espíritos. Algo semelhante costuma ser observado nas alucinações dos doentes mentais, se bem que neste caso possa reconhecer-se, com maior clareza, a mera ocorrência de ideias ou fragmentos de ideias em conexão com a personalidade consciente, constatável por qualquer um. 312

A tendência do complexo relativamente autônomo a personalizar-se explica a atuação extremamente "pessoal" da persona, a ponto do eu sentir-se em dificuldade frente à questão de sua "verdadeira" personalidade. 313

O que foi dito acerca da persona e de todos os complexos autônomos também é válido no que diz respeito à anima: ela é igualmente uma personalidade e por isso pode ser facilmente projetada numa mulher. Em outras palavras, na medida em que a anima for inconsciente, sempre será projetada, uma vez que todo o *inconsciente* é projetado. A primeira portadora da imagem da alma é sempre a mãe; depois, serão as mulheres que estimularem o sentimento do homem, quer seja no sentido positivo ou negativo. Sendo a mãe, como dissemos, a primeira portadora dessa imagem, separar-se dela é um assunto tão delicado como importante, e da maior significação pedagógica. Encontramos por isso, já entre os primitivos, um grande número de ritos que organizam tal separação. Não é o bastante passar para a idade adulta e nem mesmo separar-se exteriormente da mãe; são celebradas consagrações como homem, particularmente impressionan- 314

88 O eu e o inconsciente

tes, e cerimônias de renascimento que efetivam plenamente o ato de separação da mãe (e, portanto, da infância).

315   Assim como o pai protege o filho contra os perigos do mundo externo, representando um modelo da persona, a mãe é a protetora contra os perigos que o ameaçam do fundo obscuro da alma. Nos ritos de puberdade, o neófito recebe instruções acerca das coisas do "outro lado", e isto o tornará capaz de dispensar a proteção materna.

316   O homem moderno civilizado terá que sentir forçosamente a falta desta medida educacional que, apesar de seu primitivismo, é excelente. A consequência desta lacuna é que a anima, sob a forma da imago materna, é transferida para a mulher. Depois do casamento, é comum o homem tornar-se infantil, sentimental, dependente e mesmo subserviente; em outros casos, torna-se tirânico, hipersensível, constantemente preocupado com o prestígio de sua masculinidade superior. Este caso é o contrário do primeiro. A proteção contra o inconsciente, representada pela mãe, não é suprimida de forma alguma na educação do homem moderno; seu ideal de casamento se transforma, portanto, no desejo inconsciente de encontrar uma esposa que se desincumba do mágico papel de mãe. Sob o pretexto de um casamento idealmente exclusivo, o homem procura na realidade a proteção materna, colocando-se à mercê do instinto possessivo da mulher. Seu temor do poder obscuro e inabarcável do inconsciente faz com que outorgue à esposa uma autoridade ilegítima sobre ele; uma união desse tipo se assemelha a uma "sociedade secreta", tão íntima que ameaça explodir a qualquer instante, pela tensão interna. No caso oposto, quando o homem é reativo, ele atua de modo contrário, mas com o mesmo resultado.

317   Em minha opinião, o homem moderno deve diferenciar-se não só da persona, como da anima. Parece que nossa consciência se volta principalmente para fora (em consonância com a alma ocidental), deixando as coisas interiores mergulhadas na obscuridade. No entanto, tal dificuldade pode ser facilmente superada, se considerarmos com espírito crítico e com toda concentração o material psíquico da nossa vida particular e não apenas os acontecimentos exteriores. Infelizmente estamos acostumados a silenciar pudicamente esse lado interior (talvez com medo de que nossas mulheres traiam certos segredos); e se estes forem descobertos, reconheceremos, cheios de ar-

Obra Completa — Vol. 7/2   89

rependimento, nossa "fraqueza", já que o único método educativo consiste na supressão ou repressão das fraquezas, ou a exigência que se as esconda do público. Será bom acrescentar que isso não adianta coisa alguma.

Tomemos o exemplo da persona para esclarecer o que realmente deveríamos experimentar. Na persona, tudo é claro e visível, enquanto que a anima jaz na obscuridade para nós, ocidentais. Há casos em que a anima impede excessivamente as boas intenções da consciência, criando um contraste entre a vida particular do indivíduo e sua esplêndida persona; o caso oposto e equivalente é o do indivíduo ingênuo, que nada sabe acerca da persona e que tropeça no mundo com as mais penosas dificuldades. Há pessoas que não possuem uma persona desenvolvida – "canadenses que desconhecem a cortesia rebocada de cal da Europa", indivíduos que cometem gafes em sociedade, perfeitamente ingênuos e inocentes, crianças comovedoras, sentimentais enfadonhos, ou então, quando são mulheres, Cassandras espectrais, temidas por sua falta de tato, eternamente incompreendidas, que nunca sabem o que fazem e por isso merecem o constante perdão, cegas para o mundo, sempre em sonhos. Tais casos nos mostram como uma persona descuidada atua e o que se poderia fazer para remediar o mal. Indivíduos assim poderiam evitar desilusões e sofrimentos de toda espécie, cenas e violências, se aprendessem a comportar-se no mundo. Deveriam procurar saber o que a sociedade lhes pede, reconhecer que há no mundo fatores e pessoas muito superiores a eles; deveriam tentar perceber o significado de suas ações na perspectiva alheia etc. Naturalmente, para quem haja desenvolvido sua persona de modo conveniente, este plano pedagógico não passa de uma cartilha para crianças. Se compararmos dois indivíduos, um possuidor de uma esplêndida persona e outro desprovido dela, constataremos que o primeiro está tão informado sobre o mundo quanto o segundo sobre a anima e seus assuntos. Mas o uso que ambos fazem de seus conhecimentos pode muito bem ser um abuso, e provavelmente o será.

318

O homem dotado de persona não tem a menor ideia das realidades interiores, do mesmo modo que o tipo a ele oposto não reconhece a realidade do mundo que, segundo lhe parece, tem apenas o valor de um pátio de recreio divertido ou fantástico. Mas o reconhecimento das realidades interiores é absolutamente necessário, uma *conditio*

319

sine qua non para que se considere com a seriedade necessária o problema da anima. Se o mundo exterior não passa de um fantasma, para que o esforço de estabelecer um complicado sistema de relação e adaptação a ele? Paralelamente, considerando-se as realidades interiores "mera fantasia", ninguém reconhecerá nas manifestações da anima outra coisa além de tolices e fraquezas. Mas se for reconhecido o fato de que o mundo está fora *e* dentro, e que portanto a realidade vem tanto do exterior como do interior, logicamente dever-se-á considerar os transtornos e inconvenientes que surgem do íntimo como sintomas de uma adaptação defeituosa às condições do mundo interior. Os esbarrões que os ingênuos sofrem no mundo não podem ser resolvidos pela repressão moral e de nada lhes adianta resignar-se com as próprias "fraquezas", reconhecendo-as. Há razões, intenções e consequências, que podem ser trabalhadas pela vontade e pela compreensão. Tomemos, por exemplo, o tipo do benfeitor público, o homem "sem mácula", temido em casa pela mulher e pelos filhos por seu caráter irascível e humor explosivo. Qual o papel da anima nesses casos?

320   Veremos sua função, se acompanharmos o curso natural dos acontecimentos. A esposa e os filhos apartar-se-ão dele que, sem dúvida, se lamentará do vácuo formado em seu redor e da insensibilidade da família. As coisas talvez fiquem piores do que antes e o alheamento dos familiares será absoluto. Se os bons espíritos não o tiverem abandonado, ele perceberá seu isolamento e em sua solidão começará a compreender o que determinou tal estado de coisas. Talvez se interrogue, admirado: "Que demônio se apoderou de mim?" Provavelmente não alcançará o sentido desta metáfora. Seguem-se o arrependimento, a reconciliação, o esquecimento, a repressão e, em seguida, uma nova explosão. Evidentemente, a anima tenta provocar uma ruptura. Tal tendência não trabalha, é claro, em benefício de ninguém. Mas a anima se interpõe como se fosse uma amante ciumenta que procura indispor o homem com sua família. Um cargo ou qualquer outra posição social vantajosa pode produzir o mesmo efeito, mas neste caso compreender-se-á a força de sedução. Mas a anima, donde provém seu poder aliciante? Como no caso da persona, pode ser que se trate de valores ou outras coisas importantes e eficazes, promessas sedutoras. Mas devemos nos proteger de início contra

as racionalizações. Poderíamos pensar imediatamente que esse homem de bem está de olho numa outra mulher. Pode ser, mas também pode ser que a anima tenha preparado este meio eficaz para atingir sua meta. Não devemos enganar-nos considerando tal situação como um fim em si mesmo, uma autofinalidade, pois o homem de bem, que se casou corretamente segundo a lei, poderá também divorciar-se com a mesma dignidade e segundo a lei. Entretanto, isto não mudaria em nada sua atitude fundamental: o antigo quadro apenas ganharia uma nova moldura.

Na realidade, tais arranjos representam um método frequente de concluir separações e dificultar as soluções definitivas. Seria mais razoável, portanto, que se descartasse a possibilidade imediata da intenção autêntica de uma ruptura. Parece mais indicado começar pela investigação do que se oculta atrás da tendência anímica. Eu proporia em primeiro lugar uma *objetivação da anima*, ou seja, a negação estrita de considerar a tendência à separação do cônjuge como uma fraqueza própria. Só depois poder-se-ia perguntar à anima: "Por que desejas esta ruptura?" Há uma grande vantagem em colocar a questão de modo tão pessoal: dessa forma a personalidade da alma é reconhecida, tornando-se possível estabelecer uma relação com ela. Quanto mais pessoal a considerarmos, tanto melhor.

Tudo isto parecerá ridículo às pessoas que estão acostumadas a agir de um modo puramente intelectual e racional. Seria mais do que absurdo manter um diálogo com a persona, dado o fato de esta ser apenas um meio de relação psicológica. Um absurdo, mas só para quem a tiver. Quem não a tiver será *meramente um primitivo* sob este aspecto; e pertencerá àquele tipo de pessoas que se apoiam num pé só naquilo que comumente chamamos realidade. O outro pé está no mundo dos espíritos, que para ele é efetivamente real. O caso exemplar que escolhemos se comporta no mundo, como um europeu moderno, e no mundo dos espíritos, como o filho de um troglodita. Deve conformar-se, portanto, com uma espécie de escola para crianças da pré-história, até chegar a uma ideia justa acerca dos poderes e fatores de um outro mundo. Não errará compreendendo a figura da anima como um complexo autônomo, dirigindo-lhe perguntas de cunho pessoal.

323 Considero tal coisa como uma verdadeira técnica. Todos sabem que têm a peculiaridade e a capacidade de dialogar consigo mesmos. Sempre que nos encontramos diante de um dilema angustioso costumamos dirigir a nós próprios (senão a quem?) a pergunta: "Que fazer?" Fazemo-lo em voz alta ou baixa. E nós mesmos (senão quem?) respondemos. Uma vez que temos a intenção de sondar os fundamentos básicos do nosso ser, pouco nos importa viver como que numa espécie de metáfora. Devemos interpretar como um símbolo do nosso atraso primitivo (ou da nossa naturalidade que ainda persiste, graças a Deus) o fato de conversarmos pessoalmente, a modo dos primitivos, com a nossa "serpente". Mas como a psique não é uma unidade e sim uma pluralidade contraditória de complexos, não é muito difícil chegar à dissociação necessária para discutir com a anima. Tal arte ou técnica consiste em emprestar uma voz ao interlocutor invisível, pondo à sua disposição, por alguns momentos, o mecanismo da expressão; deixemos de lado a aversão natural por esse jogo aparentemente absurdo consigo mesmo, assim como a dúvida acerca da "autenticidade" da voz do interlocutor. Este último detalhe é de grande importância. Identificamo-nos sempre com os pensamentos que nos assaltam, uma vez que nos consideramos seus autores. É interessante observar que são os pensamentos impossíveis que despertam em nós um sentimento de maior responsabilidade subjetiva. Se percebêssemos com mais acuidade como são severas as leis universais às quais deve submeter-se até mesmo a fantasia mais selvagem e arbitrária, talvez seríamos mais capazes de considerar tais pensamentos como fatos objetivos, como se fossem sonhos. Não passa pela cabeça de ninguém supor que estes últimos sejam invenções intencionais e arbitrárias. Mas tudo exige, certamente, a máxima objetividade e ausência de preconceitos; só assim proporcionaremos ao "outro lado" a oportunidade de manifestar-se mediante uma atividade psíquica perceptível. A atitude repressiva da consciência obriga, porém, que o outro lado se manifeste indiretamente, através de sintomas, quase sempre de caráter emocional. Só em momentos de um afeto avassalador, emergem à superfície fragmentos de conteúdos do inconsciente, sob a forma de pensamentos ou imagens. O sintoma inevitável que acompanha tal fenômeno é o da identificação momentânea do eu com essas manifestações, que são renegadas logo depois. É fabuloso o que se pode dizer movido pelo afeto. Mas todos sabem com que facilidade essas coisas são esquecidas e renegadas. Devemos contar com tais mecanismos de desvalorização e de negação se quisermos orientar-nos com objetividade. O hábito de interromper o afluxo do inconsciente, corrigi-lo ou criticá-lo se reforçou pela tradição e pelo medo que se tem de admitir diante dos outros ou de si mesmo a angústia mobilizada pelas verdades insidiosas, compreensões arriscadas e constatações desagradáveis; o receio, enfim, de tudo o que faz o homem fugir de si mesmo como de um flagelo. Diz-se geralmente que preocupar-se consigo é algo de egoístico e "mórbido", e que a própria companhia é a pior de todas: "torna a pessoa melancólica". Tais são os esplêndidos testemunhos acerca da nossa qualidade humana, intrínsecos à mentalidade ocidental. Mas os que assim pensam nunca perguntam a si mesmos que prazer terão os outros em companhia de um covarde tão sujo. Uma vez que nos momentos de afeto se mostram involuntariamente as verdades do outro lado, é aconselhável aproveitar esses momentos para que tal aspecto tenha a ocasião de expressar-se. Por isso o indivíduo deveria cultivar a arte de falar consigo mesmo numa situação de afeto e em seus marcos, como se o próprio afeto falasse, sem levar em conta a crítica razoável. Enquanto o afeto se manifesta, a crítica deve ser evitada. Entretanto, logo que o afeto haja exposto seu caso, será conscienciosamente criticado, como se o interlocutor fosse um indivíduo real, diretamente relacionado conosco. Não devemos dar-nos logo por satisfeitos; as perguntas e respostas deverão prosseguir até que se haja encontrado um final satisfatório da discussão. Subjetivamente, reconhecer-se-á se o resultado é ou não aceitável, sendo inútil qualquer tentativa de iludir-se. As condições indispensáveis desta técnica de educar a anima se resumem numa rigorosa honestidade consigo mesmo e em evitar a antecipação apressada do que o outro lado quer expressar.

Mas há algo a dizer acerca do medo característico que o homem ocidental sente em relação ao outro lado. Em primeiro lugar, este medo não é completamente injustificado, além de ser real. Compreendemos sem dificuldade o medo que a criança e o primitivo sentem diante do mundo amplo e desconhecido. Pois é o mesmo medo que experimentamos em nosso mundo interior infantil, que se nos afigura imenso e desconhecido. Sentimos somente o afeto, sem perceber que se trata de um medo do mundo, uma vez que esse mundo é invisível. A seu respeito só temos preconceitos teóricos ou ideias supersticiosas. E há pessoas cultas diante das quais não podemos falar do inconsciente sem sermos acusados de misticismo. O medo a que nos referimos é, pois, legítimo, pois os dados do outro lado conseguem abalar nossa concepção racional do mundo, com suas certezas científicas e morais; a crença ardente que nelas depositamos faz supor quão frágeis são. Se pudermos evitar isto, a única verdade recomendável é o enfático ditado dos filisteus: "*quieta non movere*"; devo sublinhar, além disso, que não recomendo a ninguém a técnica acima exposta, como algo de necessário e útil, se a pessoa não for premida pela necessidade. Como já dissemos, os estádios são muitos: há velhos que morrem como crianças de peito e ainda hoje nascem trogloditas. Certas verdades só serão reconhecidas no futuro; outras passaram e outras jamais serão aceitas.

325 Digamos, no entanto, que alguém usasse tal técnica por uma santa curiosidade; talvez um jovem desejoso de ter asas, não por ser aleijado, mas por sentir a nostalgia do sol. Um adulto, porém, que já perdeu as mais caras ilusões, só se prestará de má vontade a essa humilhação íntima, a essa entrega que o devolverá às angústias da infância. É penoso situar-se entre um mundo diurno de ideais ameaçados, valores em descrédito e um mundo noturno de fantasias aparentemente sem sentido. Tal posição é tão estranha que, provavelmente, ninguém resistirá à tentação de agarrar-se a algo seguro, mesmo que se trate de "agarrar o passado": por exemplo, a mãe, que protegia sua infância contra as angústias noturnas. Quem tem medo precisa aceitar a dependência, assim como o fraco necessita de um apoio. A mente primitiva já conta, por isso, com um ensinamento religioso cujo representante é o mago e o sacerdote; esse ensinamento nasceu da mais profunda necessidade psicológica. *Extra ecclesiam nulla salus* – é uma verdade válida até hoje para os que se agarram ao passado. Para a minoria, só há o recurso de depender de um homem – dependência humilde e orgulhosa, que se me afigura um apoio mais frágil e mais forte do que qualquer outro. E o que dizer então dos protestantes? Sem Igreja, sem sacerdotes, eles têm apenas Deus – e mesmo desse Deus duvidam.

O leitor poderá perguntar, admirado: "Mas o que a anima de-   326
sencadeia para que sejam necessárias tantas precauções antes de tratar com ela?" Eu recomendaria então ao leitor que estudasse a história comparada das religiões, procurando preencher essas narrações
mortas com a emoção da vida; desse modo é que foram experimentadas por aqueles que as viveram. Creio que assim poderiam ter uma
ideia da realidade que vive do outro lado. As velhas religiões, com
seus símbolos sublimes e ridículos, carregados de bondade e de cruel-
dade, não nasceram do ar, mas da alma humana, tal como vive em
nós neste momento. Todas essas estranhas coisas, suas formas originárias nos habitam e podem precipitar-se sobre nós a qualquer momento, com uma violência destruidora, sob a forma de sugestão das
massas, contra a qual o indivíduo é impotente. Os deuses terríveis
mudaram apenas de nome, eles rimam agora com "ismo". Será que
alguém se atreveria a afirmar que a Guerra Mundial ou o bolchevismo foram invenções engenhosas? Vivemos exteriormente num mundo em que continentes podem submergir a qualquer instante, os po-
los deslocar-se, ou uma nova pestilência fazer sua irrupção; paralelamente, vivemos interiormente num mundo em que algo semelhante
pode acontecer, sob a forma de uma ideia, nem por isso menos perigosa e nociva. A desadaptação ao mundo interior é uma omissão de
graves consequências, tal como a ignorância e a incapacidade frente
ao mundo exterior. Só uma ínfima parte da humanidade, na superpo-
voada península asiática projetada sobre o Atlântico, e que se considera "culta" por sua falta de contato com a natureza, concebeu a
ideia de que a religião é uma forma peculiar de perturbação mental,
cuja meta é incompreensível. Considerada de uma distância segura,
da África Central ou do Tibet, parece que essa fração humana proje-
tou seu próprio "*dérangement mental*" inconsciente sobre os povos
que ainda possuem instintos saudáveis.

As coisas do mundo interior nos influenciam subjetiva e podero-   327
samente, por serem inconscientes. Assim, pois, quem quiser incre-
mentar o progresso em seu próprio ambiente cultural (pois toda a
cultura começa com o indivíduo), deverá tentar objetivar as atuações
da anima, cujos conteúdos subjazem a essas atuações. Nesse sentido,
o homem se adaptará e ao mesmo tempo se protegerá contra o invisível. Toda adaptação resulta de concessões aos dois mundos. Da con-

sideração das exigências do mundo interno e do mundo externo, ou melhor, do conflito entre ambos, procederá o *possível* e o *necessário*. Infelizmente, o espírito ocidental, desprovido de cultura em relação ao problema que nos ocupa, jamais concebeu um conceito para *a união dos contrários no caminho do meio*. Esta pedra de toque fundamental da experiência interior não tem, entre nós, nem mesmo um nome para figurar ao lado do conceito chinês do Tao. Esta realidade é ao mesmo tempo a mais individual e a mais universal, o cumprimento legítimo do significado da existência humana.

328   No desenvolvimento desta exposição tratei, até agora, exclusivamente da psicologia *masculina*. A anima, sendo feminina, é a figura que compensa a consciência masculina. Na mulher, a figura compensadora é de caráter masculino e pode ser designada pelo nome de *animus*. Se não é simples expor o que se deve entender por anima, é quase insuperável a dificuldade de tentar descrever a psicologia do animus.

329   O homem atribui a si mesmo, ingenuamente, as reações da sua anima, sem perceber que na realidade não pode identificar-se com um complexo autônomo; o mesmo ocorre na psicologia feminina, só que de um modo muito mais intenso, se é que isto é possível. A identificação com o complexo autônomo é a razão essencial da dificuldade de compreender e descrever o problema, sem falar de sua obscuridade e estranheza. Sempre partimos do pressuposto ingênuo de que somos os senhores em nossa própria casa. Deveríamos habituar-nos, no entanto, com a ideia de que mesmo em nossa vida psíquica mais profunda, vivemos numa espécie de casa cujas portas e janelas se abrem para o mundo: os objetos e conteúdos deste último atuam sobre nós, mas não nos pertencem. A maioria das pessoas não concebe sequer esta ideia, e aceita com dificuldade o fato de que seus vizinhos não têm a mesma psicologia que a sua. O leitor poderá julgar exagerada tal observação, uma vez que geralmente todos são conscientes das diferenças individuais. Lembremo-nos, porém, que a psicologia da consciência provém de um estado original de inconsciência e de indiferenciação. A este estado Lévy-Bruhl chama de *participation mystique*. Por conseguinte, a consciência da diferenciação constitui uma aquisição tardia da humanidade; provavelmente ela é um recorte relativamente pequeno no campo incomensurável da identidade original. A diferenciação é a essência, a *conditio sine qua non* da cons-

Obra Completa — Vol. 7/2

97

ciência. Todo inconsciente é indiferenciado e tudo quanto ocorre inconscientemente parte desta base da indiferenciação. Isto significa, em primeiro lugar, que não se sabe se pertence ou não ao si-mesmo. É impossível estabelecer *a priori* se me concerne, ou se concerne a outro, ou a ambos. Nem mesmo o sentimento nos serve de apoio seguro quanto a isto.

Não se pode afirmar *ipso facto* que a mulher tem uma consciência inferior à do homem: sua consciência simplesmente é diversa da consciência masculina. Mas assim como a mulher percebe claramente coisas que o homem tateia no escuro, do mesmo modo há campos de experiência do homem ainda ocultos para ela nas sombras da indiferenciação. Isto sucede no que se refere a coisas que têm, para a mulher, pouco interesse. O mais importante e interessante para a mulher é o âmbito das relações pessoais, passando para o segundo plano os fatos objetivos e suas inter-relações. O vasto campo do comércio, da política, da tecnologia, da ciência, enfim todo o reino do espírito utilitário aplicado do homem é relegado à penumbra da consciência feminina; por seu lado, ela desenvolve uma consciência ampla das relações pessoais, cujas nuanças infinitas em geral escapam à perspicácia masculina.

331

330

É claro, portanto, que o inconsciente feminino apresenta aspectos essencialmente diversos dos que são encontrados no homem. Se eu tivesse que caracterizar, resumindo em poucas palavras, a diferença entre homem e mulher no tocante ao problema que nos ocupa, isto é, como se confrontam *anima* e *animus*, eu diria: assim como a anima produz *caprichos*, o animus produz *opiniões*; e assim como os caprichos do homem brotam de um fundo obscuro, do mesmo modo as opiniões da mulher provêm de pressupostos apriorísticos inconscientes. As opiniões do animus apresentam muitas vezes o caráter de sólidas convicções, difíceis de comover, ou de princípios cuja validez é aparentemente intangível. Se analisarmos, porém, tais opiniões, logo depararemos com pressupostos inconscientes que deveriam ser provados, de início; em outras palavras, as opiniões foram concebidas *como se* tais pressupostos existissem. Na realidade, essas opiniões são totalmente irrefletidas; existem prontinhas e são mantidas com tal firmeza e convicção pela mulher que as formula, como se esta jamais tivesse tido a menor sombra de dúvida a respeito.

332   Poder-se-ia supor que o animus, à semelhança da anima, se personifica como *um* homem. A experiência, porém, mostra que tal suposição é só parcialmente verdadeira; aparece uma circunstância inesperada, configurando uma situação inteiramente diversa da do homem. O animus não se apresenta como *uma* pessoa, mas como uma *pluralidade* de pessoas. Na novela de H.G. Wells, *Christina Alberta's Father*, a heroína, em todas as suas ações, sente-se submetida à vigilância de uma autoridade moral superior; esta última adverte-a inexoravelmente, com precisão e uma falta absoluta de fantasia, dizendo com secura e exatidão o que ela está prestes a fazer e por que motivos. Wells chama a esta autoridade *"Court of Conscience"*. Esta pluralidade de juízes que condenam formam uma espécie de tribunal que corresponde a uma personificação do animus. O animus parece uma assembleia de pais e outras autoridades, que formula opiniões incontestáveis e "racionais", *ex cathedra*. Examinando-as atentamente, percebe-se que parecem constituídas de palavras e conceitos reunidos, talvez inconscientemente, desde a infância e amontoados numa espécie de cânone da verdade, autenticidade e razoabilidade médias. É um tesouro de pressupostos que, ao faltar um critério consciente e idôneo (o que não é raro), sugere imediatamente uma opinião. Às vezes esse tipo de opinião aparece sob a forma do assim chamado senso comum; outras vezes, revela um preconceito mesquinho, ou então se manifesta sob a forma de um princípio disfarçado em ensinamento. "Não há quem não faça assim", ou "todo mundo diz isso ou aquilo" etc.

333   Evidentemente, o animus é projetado com a mesma frequência que a anima. Os homens adequados para a projeção são imagens vivas do bom Deus, sabem absolutamente tudo, ou são reformadores incompreendidos, cujo rico vocabulário é composto de palavras de vento; são especialistas em traduzir toda espécie de coisas humanas demasiado humanas em termos bombásticos da "experiência fecunda". O animus não estaria suficientemente caracterizado se o representássemos apenas como uma consciência moral coletiva e conservadora; ele é também um reformador que, em contraste com suas opiniões sensatas, tem um fraco pelas palavras difíceis e desconhecidas, agradável sucedâneo da odiosa reflexão.

Do mesmo modo que a anima, o animus é um amante ciumento, **334** pronto para substituir um homem de carne e osso por uma opinião sobre ele, opinião cujos fundamentos duvidosos nunca são submetidos à crítica. As opiniões do animus são sempre coletivas e negligenciam os indivíduos e todos os julgamentos individuais; dessa forma, o animus procede exatamente como a anima que se interpõe entre marido e mulher, com suas predições e projeções afetivas. Se a mulher é bonita, a opinião do seu animus tem para o homem algo de infantil e tocante, que o ajuda a mostrar-se benevolente, paterno e professoral. Entretanto, se a mulher não tocá-lo do ponto de vista sentimental, e ele esperar de sua parte competência e não desamparo ou estupidez, as opiniões do animus o irritarão por sua falta de fundamento: não tolerará essa pseudo-opinião, esse mero desejo de ter direito à própria opinião etc. Nessas circunstâncias, os homens se tornam mordazes, pois é incontestável que o animus sempre provoca a anima (e vice-versa), fato que impossibilita o prosseguimento da discussão.

Nas mulheres intelectuais o animus origina um tipo de argumen- **335** tação e raciocínio que pretende ser intelectual e crítico, mas na realidade consiste essencialmente em converter algum detalhe sem importância num absurdo argumento principal. Ocorre também que numa discussão, inicialmente clara, o argumento se enreda de um modo infernal pela intromissão de um ponto de vista diverso e mesmo petulante. Inconscientemente, tais mulheres só procuram irritar o homem, sucumbindo ao animus por completo. "Infelizmente, eu tenho sempre razão", confessou-me uma mulher deste tipo.

Todos esses fenômenos, bastante conhecidos e desagradáveis, **336** derivam da *extraversão do animus*. O animus não pertence à função de relação consciente; sua função é a de possibilitar a relação com o inconsciente. No que se refere às situações exteriores, sobre as quais é preciso *refletir conscientemente*, o animus não deve intervir mediante o processo acima referido das "opiniões"; como função associativa de ideias, deve ser dirigido para dentro, a fim de associar os conteúdos do inconsciente. A técnica de explicação com o animus é, em princípio, a mesma que a da anima, só que neste se trata de *opiniões*. A mulher deve aprender a criticá-las e mantê-las à distância, não com o intuito de reprimi-las, mas investigar-lhes a procedência: penetrando mais fundo em seu obscuro recesso, deparará com as imagens originárias, do mesmo modo que o homem, ao explicar-se com a anima. O animus é uma espécie de sedimento de todas as experiências ancestrais da mulher em relação ao homem, e mais ainda, é um ser criativo e engendrador, não na forma da criação masculina. O animus produz o que se poderia chamar λόγος σπερμαιχός, a palavra que engendra. Assim como o homem faz brotar sua obra, criatura plena de seu feminino interior, assim também o masculino interior da mulher procria germes criadores, capazes de fecundar o feminino do homem. É o caso da *"femme inspiratrice"*, a qual – se sua cultura não for verdadeira – pode transformar-se numa mulher dogmática da pior espécie, preceptora despótica, ou, na excelente definição de uma das minhas pacientes, uma forma de *"animus hound"*.

337   A mulher tomada pelo animus corre sempre o risco de perder sua feminilidade, sua persona adequadamente feminina. O homem, em iguais circunstâncias, arrisca efeminar-se. Tais transformações psíquicas do sexo explicam-se pelo fato de que uma função interior se volta para fora. O motivo desta perversão é, naturalmente, a insuficiência ou o desconhecimento total do mundo interior, que se ergue, autônomo, em oposição ao mundo exterior; as exigências de adaptação ao mundo interior igualam às do mundo exterior.

338   No tocante à pluralidade do animus, em contraposição à personalidade única da anima, tal fenômeno singular se me afigura um correlato da atitude consciente. A atitude consciente da mulher é geralmente muito mais pessoal do que a do homem. O mundo feminino é composto de pais e mães, irmãos e irmãs, maridos e filhos. E a realidade restante também se compõe de famílias semelhantes, que se relacionam umas com as outras, mas se interessam essencialmente por si mesmas. O mundo do homem é o povo, o "Estado", os negócios etc. Sua família representa um meio dirigido para uma finalidade, e é um dos fundamentos do Estado. Sua esposa não é necessariamente *a mulher* (pelo menos no mesmo sentido que ela pensa ao dizer "meu marido"). Para o homem, o geral precede o pessoal; daí o fato de seu mundo ser composto de uma multiplicidade de fatores coordenados, enquanto que para a mulher o mundo além do marido acaba numa espécie de nevoeiro cósmico. Assim, a exclusividade apaixonada liga-se à anima do homem e a pluralidade indefinida, ao animus da mulher. Na imaginação masculina, paira uma imagem significativa e

Obra Completa — Vol. 7/2 101

bem delineada de Circe ou Calipso, enquanto que o animus da mulher se exprime principalmente como os "Holandeses voadores" e outros desconhecidos hóspedes do mar, mais ou menos inacessíveis, proteus em constante movimento. Tais expressões aparecem de modo particular nos sonhos e na realidade concreta, sob a forma de tenores famosos, campeões de boxe, grandes homens de cidades distantes e desconhecidas.

Essas duas figuras crepusculares do fundo obscuro da psique, a anima e o animus (verdadeiros e semigrotescos "guardiões do umbral", para usar o pomposo vocabulário teosófico), podem assumir numerosos aspectos, que encheriam volumes inteiros. Suas complicações e transformações são ricas como o próprio mundo, e tão extensas como a variedade incalculável do seu correlato consciente, a persona. Habitam uma esfera de penumbra, e dificilmente percebemos que ambos, anima e animus, são complexos autônomos que constituem uma função psicológica do homem e da mulher. Sua autonomia e falta de desenvolvimento usurpa, ou melhor, retém o pleno desabrochar de uma personalidade. Entretanto, já podemos antever a possibilidade de destruir sua personificação, pois os conscientizando podemos convertê-los em pontes que nos conduzem ao inconsciente. Se não os utilizarmos intencionalmente como funções, continuarão a ser complexos personificados e nesse estado terão que ser reconhecidos como personalidades relativamente independentes. Por outro lado, não podem ser integrados à consciência enquanto seus conteúdos permanecerem desconhecidos. No entanto, a tentativa de explicação com eles deverá trazer à luz seus conteúdos; só quando esta tarefa for cumprida, isto é, só quando a consciência familiarizar-se suficientemente com os processos inconscientes refletidos na anima, esta última será percebida como uma simples função.

Naturalmente, não espero que todos os leitores compreendam de imediato o que anima e animus significam. Confio apenas que não tenham a impressão de tratar-se de algo "metafísico"; os fatos são empíricos e poderiam ser vazados de igual modo em linguagem racional e abstrata. Evitei de propósito uma linguagem deste tipo, porque tudo que aqui apresentamos foi, até agora, um campo tão inacessível à experiência, que não conviria apresentá-lo aos leitores numa formulação intelectual. Acho muito mais importante proporcio-

339

340

nar-lhes uma visão das possibilidades de experiência. Ninguém compreenderá realmente estes fatos se não experimentá-los em si mesmo. Por isso, interessa-me muito mais indicar as pistas e possibilidades de experiências, em lugar de estabelecer fórmulas intelectuais; estas últimas não passariam de um emaranhado inútil de palavras, se precedessem as experiências que necessariamente implicam. Infelizmente, já são muitos os que decoram palavras e inventam experiências condizentes, abandonando-se depois, segundo o temperamento, à credulidade ou à crítica. Trata-se aqui de colocar um novo problema, trata-se de uma nova região psicológica de experiências, no entanto tão antiga! Formularemos sobre ela teorias relativamente válidas, quando os fenômenos anímicos correspondentes forem experimentados por um número suficiente de pessoas. Primeiro, os fatos; depois, as teorias. O estabelecimento de uma teoria deve resultar da discussão de muitos.

III

A técnica de diferenciação entre o eu e as figuras do inconsciente

Acho que deveria oferecer ao leitor um exemplo detalhado da 341
atividade específica de animus e anima. Infelizmente os materiais são
muito extensos e exigem uma explicação tão pormenorizada dos
símbolos, que não caberiam nos limites deste volume. Publiquei, no
entanto, alguns resultados, com todas as suas associações simbólicas,
numa obra[1] à parte, à qual remeto o leitor. É verdade que nesse livro
nunca mencionei o animus, pelo fato de desconhecer ainda nessa
época tal função. Mas se aconselhar alguma paciente a evocar conteúdos do seu inconsciente, surgirão fantasias semelhantes. A figura
masculina do herói, que comparece quase inevitavelmente, é o animus. E a sucessão de acontecimentos fantásticos demonstra a transformação e dissolução graduais desse complexo autônomo.

Tal transformação é a meta da análise do inconsciente. Se não 342
houver transformação, isto significa que a influência do inconsciente
permanece inalterada, continuando a alimentar em certos casos os
sintomas neuróticos, apesar da análise e da compreensão decorrente.
Em outros casos, o indivíduo poderá apegar-se a uma transferência
obsessiva, que é tão ruim quanto uma neurose. Quando isto ocorre, é
claro que nenhuma sugestão, boa vontade ou compreensão redutiva
servirão para dominar o poder do inconsciente. Tal eventualidade
não significa, porém, que todos os métodos psicoterapêuticos, em
seu conjunto, sejam inúteis. Apenas ressalto o fato de que não são

---

1. JUNG, C.G. *Wandlungen und Symbole der Libido*. Op. cit.

poucos os casos em que o médico deve decidir-se a encarar a fundo o inconsciente, a fim de defrontar-se com ele. Naturalmente, isto não é o mesmo que interpretá-lo. Neste último caso, caberia a suposição de que o médico já *sabe* de antemão o que vai *interpretar*. Confrontar-se com o inconsciente é algo de muito diverso: trata-se de libertar os processos inconscientes que irrompem na consciência sob a forma de fantasias. Pode-se então tentar interpretá-las. Em muitos casos é essencial para o paciente ter uma ideia acerca dessas fantasias; mas o importante é vivê-las plenamente e também compreendê-las, uma vez que a compreensão intelectual pertence à totalidade da experiência. Entretanto, não atribuo uma primazia à compreensão. Naturalmente, o médico deve ajudar o paciente a compreender o que se passa; mas ele mesmo não entende, nem poderá entender tudo, devendo por isso ser cauteloso, precavendo-se contra os malabarismos da interpretação. O essencial, é bom repetir, não é a interpretação e compreensão das fantasias, mas a *vivência* que lhes corresponde. Alfred Kubin nos deu uma excelente descrição do inconsciente em seu livro *Die andere Seite*[2] (O outro lado); narra-nos o que ele, como artista, viveu no inconsciente. Trata-se, portanto, de uma *vivência artística*, mas *incompleta* do ponto de vista humano. A quem se interessar por essa questão, recomendo a leitura atenta desse livro. Sem dúvida, descobrirá esse caráter incompleto ao qual me refiro. *Tudo nele é visto e vivido artisticamente e não humanamente.* Por experiência "humana" entendo a modalidade visionária em que a pessoa do autor não desempenha apenas um papel passivo, mas enfrenta as figuras que comparecem na visão, reagindo e atuando com plena consciência. A mesma crítica poderia ser feita à autora das fantasias descritas no meu livro, acima citado. Ela também permanece como simples espectadora diante das fantasias que emergem do inconsciente, vivendo-as, quando muito, passivamente. Um verdadeiro confronto com o inconsciente exige uma atitude oposta a esta.

343   Tentarei esclarecer com um exemplo essa afirmação. Um de meus pacientes teve a fantasia seguinte: "Viu sua noiva correndo rua abaixo, em direção ao rio. É inverno, o rio está congelado. Ela corre

---

2. KUBIN, A. *Die andere Seite*. Munique: [s.e.], 1908.

O eu e o inconsciente 105

pelo gelo e ele a segue. Ela continua a correr e então o gelo se fende: abre-se um abismo negro e ele teme que ela se precipite dentro dele. É o que acontece, enquanto ele presencia a cena com tristeza".

Este fragmento, tirado de um relato mais extenso, mostra com clareza a atitude da consciência: ela é perceptiva e sofre passivamente, isto é, a imagem da fantasia só é vista e sentida, como se fosse bidimensional; o paciente participa insuficientemente de seu desenrolar e desse modo a fantasia permanece uma simples imagem. Apesar de ser clara e carregada de emoção perturbadora, é irreal como um sonho. Tal irrealidade provém do fato de que ele não desempenha um papel *ativo* na fantasia. Se esta última fosse uma realidade, ele teria meios de impedir que sua noiva se suicidasse. Poderia alcançá-la facilmente e impedi-la de saltar no abismo. Se se comportasse na realidade do mesmo modo que na fantasia, seria obviamente por estar paralisado de terror, ou então pela ideia inconsciente de que nada tinha a opor a que a noiva se suicidasse. O fato de manter-se passivo na fantasia exprime simplesmente sua atitude geral em relação à atividade do inconsciente: ele se sente fascinado e aturdido perante sua ebulição. Sofre, na realidade, toda espécie de ideias e convicções depressivas; acha que não serve para nada, que tem uma tara hereditária, que seu cérebro está em processo de degenerescência etc. Ele aceita sem discutir esses sentimentos negativos que no fundo são autossugestões. Pode compreendê-los intelectualmente e reconhecer sua falsidade, mas de qualquer modo os sentimentos persistem. Estes não podem ser atacados pelo intelecto, porque não têm base intelectual ou racional; suas raízes mergulham numa vida de fantasia irracional e inconsciente, inacessível à crítica. Em tais casos deve dar-se ao inconsciente a oportunidade de produzir fantasias, e o fragmento acima mencionado é justamente um dos produtos dessa atividade inconsciente. Como se tratava de uma depressão psicogênica, esta era devida a fantasias totalmente ignoradas pelo paciente. Na melancolia genuína, no esgotamento pelo excesso de trabalho, no envenenamento etc., a situação pode ser inversa: o paciente é sujeito a tais fantasias por encontrar-se numa condição depressiva. Mas no caso de uma depressão psicogênica, sente-se deprimido porque tem tais fantasias. Meu paciente é um jovem de inteligência aguda; através de uma análise prolongada chegou à compreensão intelectual das causas

344

de sua neurose, mas tal fato não alterou em nada suas crises de depressão. Em casos deste tipo, o médico não deve perder seu tempo inutilmente, procurando aprofundar ainda mais a causalidade do fato. Se uma compreensão mais ou menos ampla não ajudou o paciente, também não o ajudaria a descoberta de outro fragmento causal. O inconsciente, tendo adquirido uma preponderância irredutível, dispõe de uma força atrativa capaz de invalidar todos os conteúdos conscientes; em outras palavras, pode desviar a libido do mundo consciente, produzindo uma "depressão", um *"abaissement du niveau mental"* (Janet). Consequentemente, de acordo com a lei da energia, é de esperar-se um acúmulo de valor (libido) no inconsciente.

345   A libido nunca pode ser apreendida, senão numa *forma determinada*, isto é, *ela é idêntica às imagens da fantasia*. Só podemos libertar a libido do inconsciente, permitindo que aflorem as imagens da fantasia que lhe correspondem. É por isso que, em tais casos, devemos dar ao inconsciente a ocasião de trazer suas fantasias à superfície. Foi desta forma que se produziu o fragmento mencionado. Ele representa um simples episódio de uma longa série de fantasias extremamente ricas, que correspondem à quantidade de energia perdida pela consciência e seus conteúdos. O mundo consciente do jovem em questão se tornou frio, cinzento e vazio, enquanto seu inconsciente se ativou, tornando-se poderoso e rico. Uma das características da natureza da psique inconsciente é o bastar-se a si mesma, desconhecendo toda consideração humana. O que cai no inconsciente é nele retido, quer a consciência sofra com isso ou não. Esta última pode padecer de frio e fome, enquanto no inconsciente tudo viça e floresce.

346   É o que nos parece, à primeira vista. Mas se olharmos mais profundamente, veremos que esta indiferença desumana do inconsciente tem um sentido e também uma finalidade e meta. *Há finalidades anímicas além das finalidades conscientes*, sendo que até mesmo ambas podem opor-se entre si. Achamos, no entanto, que o inconsciente se volta contra o consciente, numa atitude hostil ou inadvertida, quando este último assume uma posição falsa ou pretensiosa.

347   A atitude consciente do jovem em questão era, de fato, tão unilateralmente intelectual e racional que a natureza se indignou dentro dele, aniquilando seu mundo de valores conscientes. Entretanto, ele mesmo era incapaz de vencer seu intelectualismo, reforçando outra

O eu e o inconsciente 107

função, o sentimento, por exemplo, simplesmente porque não possuía essa função, que estava no inconsciente. Não havia pois outro caminho, senão o de deixar as rédeas nas mãos do inconsciente, dando a este a possibilidade de converter-se em conteúdo da consciência sob a forma de fantasias. Se de início meu paciente se agarrava ao mundo do intelecto, defendendo-se através de racionalizações contra o que considerava sua doença, tinha agora de abandonar-se totalmente a esta. Ao ser invadido por uma depressão, não devia tentar distrair-se através de um trabalho ou de algo semelhante, mas sim aceitá-la, dando-lhe por assim dizer a palavra.

Isto é o oposto de abandonar-se a um capricho, atitude tão característica da neurose; não se trata aqui de uma fraqueza, como quando o indivíduo se abandona sem freio a um estado de ânimo. Pelo contrário, este é um trabalho difícil, que consiste em conservar toda a objetividade, apesar do domínio do capricho, fazendo deste último seu objeto, e deste modo impedindo-o de converter-se em sujeito dominante. O indivíduo deve dar a palavra a seu próprio estado de ânimo; seu capricho dir-lhe-á que aspecto tem e através de que analogia fantástica pode exprimir-se. 348

O fragmento acima citado é uma parte de um estado de ânimo visualizado. Se seu autor não tivesse conseguido manter a objetividade diante dele, em lugar da imagem da fantasia só teria experimentado um sentimento de estancamento: mandaria tudo para o diabo, sentir-se-ia um doente incurável etc. Mas como permitiu que seu estado de ânimo se exprimisse através de uma imagem, conseguiu que pelo menos uma pequena parcela da libido, isto é, da energia criadora eidética, se convertesse num conteúdo da consciência, subtraindo-a assim ao inconsciente. 349

Esta tentativa, porém, foi insuficiente, porque para ser vivida de um modo completo a fantasia exige, não só a visão passiva, mas a participação ativa do sujeito. O paciente a que me refiro teria cumprido esta exigência se tivesse procedido na fantasia do mesmo modo pelo qual se portaria na realidade. Se sua noiva tentasse afogar-se, não se limitaria ao papel de um simples espectador, mas se precipitaria para detê-la. Isto não ocorreu na fantasia. Se tivesse ocorrido, meu paciente teria provado que estava *tomando a sério* a fantasia, isto é, que atribuía ao inconsciente o valor de uma realidade absoluta. 350

Dessa forma teria alcançado uma vitória sobre seu ponto de vista unilateralmente intelectual, outorgando indiretamente validez ao ponto de vista irracional do inconsciente.

351 Isto significaria a experiência completa exigida pelo inconsciente. Não devemos subestimar o que tal fato quer dizer na realidade: nosso mundo real está ameaçado por uma irrealidade fantástica. É quase totalmente impossível esquecer, mesmo por um só momento, que tudo isto não passa de uma fantasia, de um produto da imaginação que se afigura arbitrário e artificial. Como se poderia considerá-lo "real" e tomá-lo a sério?

352 Certamente o que se pede não é que acreditemos numa espécie de dupla vida: numa delas, seríamos cidadãos modestos, enquanto que na outra viveríamos aventuras incríveis, desempenhando feitos heroicos. Em outras palavras, não devemos *concretizar* nossa fantasia. Mas há no homem uma estranha tendência de fazê-lo, e toda a aversão contra a fantasia, assim como a desvalorização crítica do inconsciente nascem, basicamente, do *medo que se tem dessa tendência*. Ambos os casos, a concretização e o medo da concretização, constituem superstições primitivas, que sobrevivem de modo intenso nos assim chamados indivíduos cultos. Na vida cotidiana, um deles é sapateiro, mas como membro de sua seita reveste-se da dignidade de um arcanjo; outro tem a aparência de um pequeno comerciante, possuindo, entretanto, na maçonaria, uma misteriosa grandeza; outro ainda ocupa durante o dia seu posto de funcionário, mas de noite, em seu círculo, é uma reencarnação de Júlio César, falho como homem, mas infalível em sua alta função. Eis algumas concretizações despropositadas.

353 Contra isto, o credo científico da nossa época desenvolveu uma fobia supersticiosa em relação à fantasia. *É verdadeiro aquilo que atua*. Ora, as fantasias do inconsciente atuam, sem dúvida alguma. Até mesmo o filósofo mais inteligente pode ser vítima de uma estúpida agorafobia. Nossa famosa realidade científica não oferece qualquer proteção contra a assim chamada irrealidade do inconsciente. Algo atua por detrás do véu das imagens fantásticas, quer lhe atribuamos um nome bom ou mau. Trata-se de algo de verdadeiro, razão pela qual suas exteriorizações vitais devem ser tomadas a sério. Deve-se, no entanto, superar de início a tendência à concretização, ou melhor, não devemos tomar as fantasias ao pé da letra ao tentarmos

O eu e o inconsciente 109

interpretá-las. Enquanto estivermos tomados pela fantasia, é bom que nos entreguemos a ela, e nunca será demais. Mas quando quisermos compreendê-las, não devemos confundir a aparência, a imagem da fantasia com o que atua por detrás dela. A aparência não é a coisa mesma, mas apenas sua expressão.

Assim é que meu paciente não vive a cena do suicídio "num outro plano" (muito pelo contrário, ele vê concretamente a cena, como se se tratasse de um verdadeiro suicídio); mas vive algo de real, que tem a aparência de um suicídio. As duas "realidades" opostas que se apresentam, o mundo da consciência e o mundo do inconsciente, não disputam a supremacia, mas se tornam mutuamente relativos. Ninguém se oporá com obstinação à ideia de que a realidade do inconsciente seja relativa; mas que a realidade do mundo consciente seja posta em dúvida, eis o que não será tolerado com a mesma facilidade. No entanto, as duas "realidades" são vivências psíquicas que se apoiam num fundamento obscuro e indevassável. Não há realidade *absoluta*, de um ponto de vista crítico.

354

Nada sabemos da essência das coisas e do ser absoluto. Experimentamos, no entanto, vários efeitos: de "fora", através dos sentidos, e de "dentro", mediante a fantasia. Nunca pensaríamos em afirmar que a cor verde existe em si e por si mesma, nem suporíamos que uma experiência da fantasia pudesse ter uma existência em si e por si, devendo ser tomada ao pé da letra. A fantasia é uma expressão, uma aparência de algo desconhecido, mas real. O fragmento citado coincide temporalmente com uma onda de depressão e de desespero, e exprime este fato. O paciente tem realmente uma noiva. Ela é seu único vínculo afetivo com o mundo. Sua morte representaria para ele o fim da relação com o mundo; tal perspectiva seria pois desesperada. Sua noiva é também um símbolo da anima, isto é, de sua relação com o inconsciente. A fantasia em questão exprime, portanto, que a anima torna a desaparecer no inconsciente, sem que ele a impeça. Este aspecto revela que seu estado de ânimo é mais forte do que ele. Destrói tudo, enquanto ele não faz mais do que presenciar a cena, sem um gesto que tente reter a anima.

355

Ressalto este último dado, pois o paciente é um introvertido, cuja relação com a vida é regulada por fatos internos. Se se tratasse de um indivíduo extrovertido, eu daria ênfase ao primeiro aspecto, uma

356

vez que para o extrovertido a vida se regula em primeiro lugar pela relação com os homens. Por um mero capricho seria capaz de abandonar a noiva e, portanto, a si mesmo; no caso do introvertido, é bom repetir, dá-se o oposto: se desfizer sua relação com a anima, isto é, com o objeto interno, prejudicar-se-á a si mesmo, de um modo muito particular.

357 A fantasia do meu paciente também mostra com clareza um movimento negativo do inconsciente: é evidente sua tendência de afastar-se do mundo consciente, e com tal energia que arrasta a libido da consciência, esvaziando esta última. Mas mediante a conscientização da fantasia, esta não pode processar-se no nível inconsciente. Se o jovem interviesse ativamente (como acima descrevemos), apoderar-se-ia da libido manifestada na fantasia, adquirindo então uma influência maior sobre o inconsciente.

358 A contínua conscientização das fantasias (sem o que, permaneceriam inconscientes), com a participação ativa nos acontecimentos que se desenrolam no plano fantástico, tem várias consequências, como pude observar num grande número de casos. Em primeiro lugar, há uma ampliação da consciência, pois inúmeros conteúdos inconscientes são trazidos à consciência. Em segundo lugar, há uma diminuição gradual da influência dominante do inconsciente; em terceiro lugar, verifica-se uma *transformação da personalidade.*

359 É claro que esta modificação da personalidade não corresponde a uma alteração da predisposição hereditária do indivíduo, mas representa uma transformação da atitude geral. As separações drásticas e oposições entre o consciente e o inconsciente, tão evidentes nas naturezas neuróticas e carregadas de conflitos, dependem quase sempre de uma unilateralidade acentuada da atitude consciente, que prefere de um modo absoluto uma ou duas funções, relegando as outras indevidamente para o segundo plano. A conscientização e vivência das fantasias determinam a assimilação das funções inferiores e inconscientes à consciência, causando efeitos profundos sobre a atitude consciente.

360 Não discutirei agora em seus pormenores a forma desta mudança da personalidade. Quero sublinhar apenas o fato de que se trata de uma mudança essencial. Dei o nome de *função transcendente* a esta mudança obtida através do confronto com o inconsciente. A singular capacidade de transformação da alma humana, que se exprime na

O eu e o inconsciente

função transcendente, é o objeto principal da *filosofia alquimista* da baixa Idade Média. Essa filosofia representa tal capacidade anímica pela conhecida simbologia alquimista. Silberer, numa obra[3] notável, assinalou detalhadamente o conteúdo psicológico da alquimia. Sem dúvida, seria um erro imperdoável se, de acordo com a opinião vulgar, reduzíssemos a corrente espiritual alquimista a uma questão de retortas e fornos de fundição. Certamente apresenta também este aspecto, como o início ainda hesitante da química científica. Tem, entretanto, um lado espiritual que não deve ser menosprezado e um valor psicológico insuficientemente reconhecido. Houve uma filosofia "alquímica" precursora vacilante da moderna psicologia. Seu segredo é a "função transcendente" e a transformação da personalidade através da mistura e fusão de elementos nobres e vulgares, das funções diferenciadas e inferiores do consciente e do inconsciente[4].

Mas assim como o início da química científica foi desfigurado por representações e arbitrariedades fantásticas, assim também a filosofia alquimista, devido à inevitável concretização de um espírito ainda rude e incipiente, não pôde chegar a uma formulação psicológica; entretanto, o pensador medieval apegou-se apaixonadamente aos problemas da alquimia, impelido por um vivíssimo pressentimento de verdades profundas. Ninguém que haja passado pelo processo de assimilação do inconsciente poderá negar o fato de ter-se emocionado profundamente e de ter-se transformado. 361

É claro que não levarei a mal se o leitor abanar a cabeça, duvidando, por não conseguir imaginar como a *quantité négligeable* de uma simples fantasia (cf., por exemplo, o fragmento já mencionado) pode exercer uma influência, por menor que seja. Concordo que no tocante ao problema da função transcendente e à extraordinária atuação que se lhe atribui, o fragmento citado pode ser tudo, menos convincente. Mas acontece que (e devo contar aqui com a compreensão benevolente do leitor) é difícil citar exemplos; todo exemplo tem a desagradável característica de ser significativo e impressionante só 362

---

3. SILBERER, H. *Probleme der Mystik und ihrer Symbolik*. Viena/Leipzig: [s.e.], 1914 [2. ed. Darmstadt: [s.e.], 1961].
4. Cf. *Psicologia e alquimia*. Zurique: Rascher, 1944 [vol. V de Psychologische Abhandlungen. Nova edição 1952. OC, 12, 1972].

para o indivíduo que o vive, subjetivamente. Por isso aconselho sempre meus pacientes a não serem ingênuos, acreditando que aquilo que tem para eles uma grande importância a tenha também para os outros, de um modo objetivo.

363   A maioria esmagadora dos homens é incapaz de colocar-se individualmente na alma do outro. Esta é uma arte rara, que não nos leva muito longe. Quando pensamos entender alguém, melhor do que aos outros, com a confirmação espontânea dessa pessoa, mesmo assim devemos confessar: no fundo, esse alguém é-nos *estranho*. É o *outro*. O melhor que podemos fazer é acolher essa leve ideia de uma alteridade, respeitá-la e evitar a grande estupidez de querer explicá-la.

364   É esse o motivo pelo qual nada posso apresentar de convincente, isto é, não há exemplo que possa convencer o leitor do mesmo modo que convenceu o indivíduo que passou pela experiência viva. Só lhe daremos crédito à base de uma analogia com o que nós mesmos tenhamos experimentado. Finalmente, se tudo falhar, perceberemos sem dúvida o resultado final, isto é, a transformação da personalidade. Feitas estas reservas, apresentarei ao leitor outro fragmento de uma fantasia, esta vez de uma paciente. É flagrante sua diferença, relativamente ao exemplo anterior, pois neste caso se trata de uma *totalidade da experiência*. A espectadora desempenha uma parte ativa na fantasia e deste modo toma posse do processo. Este caso, cujo material é muito extenso, culmina com uma profunda transformação da personalidade. O fragmento que apresentarei corresponde a uma fase já avançada do desenvolvimento da personalidade em questão, e é uma parte orgânica da longa e contínua série de transformações, cuja meta é alcançar o *ponto central da personalidade*.

365   Talvez não seja muito claro o que se deve entender por esse "ponto central da personalidade". Tentarei, portanto, esboçar este problema em poucas linhas. Se representarmos a consciência, com seu ego central, em oposição ao inconsciente, acrescentando a essa representação mental o processo de assimilação do inconsciente, poderemos imaginar tal assimilação como uma espécie de aproximação entre consciente e inconsciente. O centro da personalidade total não coincidirá mais com o eu, mas sim com um ponto situado entre o consciente e o inconsciente. Este será o ponto de um novo equilíbrio, o centro da personalidade total, espécie de centro virtual que, devido

O eu e o inconsciente 113

à sua posição focal entre consciente e inconsciente, garante uma base nova e mais sólida para a personalidade. Confesso que tais visualizações não passam de tentativas toscas do espírito inábil, tentando exprimir fatos psicológicos de natureza inexprimível, ou pelo menos de difícil descrição. Eu poderia exprimir a mesma coisa, nas palavras de São Paulo: "Mas não sou eu quem vive, e sim o Cristo que vive em mim". Ou poderia invocar Lao-Tsé, apropriando-me do seu conceito do Tao, o caminho do meio, o centro criador de todas as coisas. Todas essas formas de dizer exprimem a mesma realidade. É como psicólogo que falo, com uma consciência científica, a partir da qual afirmo que tais fatos representam fatores psíquicos de poder indiscutível. Não se trata de invenções de um espírito ocioso, mas de acontecimentos psíquicos definidos, que obedecem a leis definidas, com suas causas e efeitos legítimos; eles podem ser encontrados entre os mais diversos povos e raças, hoje como há milhares de anos atrás. Não formulei teoria alguma acerca da constituição desse processo. Seria necessário saber primeiro o que constitui a psique. Contento-me por ora em constatar os fatos.

Mas vamos ao nosso exemplo. Trata-se de uma fantasia, cujo caráter é extremamente visual. Na linguagem dos antigos seria chamada de "visão". Não, porém, uma "visão onírica", mas uma visão obtida mediante a concentração máxima do fundo da consciência, técnica esta que só produz efeito depois de exercícios prolongados[5]. A paciente viu o seguinte, em suas próprias palavras: "Subi a montanha e cheguei a um lugar onde vi sete pedras vermelhas à minha frente, sete de cada lado e sete atrás de mim. Parei no centro desse quadrado. As pedras eram lisas como degraus. Tentei erguer as quatro pedras mais próximas. Descobri então que eram pedestais das estátuas de quatro deuses enterrados de cabeça para baixo. Desenterrei as estátuas e as pus de pé, em torno de mim, de modo que fiquei no centro. De repente inclinaram-se, tocaram as cabeças umas das outras, formando uma espécie de tenda sobre mim. Caí por terra, e disse: 'Caiam sobre mim, se puderem! Estou cansada'. Nesse momento vi formar-se um

366

---

5. (Este método foi designado em outra parte como *imaginação ativa*. Cf. *Psicologia e religião*. 4. ed. 1962, p. 96 [OC, 11/1 § 137s.].

círculo de chamas, do lado de fora, em torno dos quatro deuses. Depois de um momento levantei-me do chão e derrubei as estátuas dos deuses. Nos lugares em que caíram brotaram quatro árvores. Do círculo de fogo ergueram-se chamas azuis e começaram a queimar a folhagem das árvores. Eu disse então: 'Isto tem que acabar! Entrarei no fogo, eu mesma, para que as folhas não sejam queimadas'. As árvores desapareceram e o círculo de fogo concentrou-se numa única labareda azul e imensa, que me ergueu da terra".

367 Aqui termina a visão. Tentarei encontrar um caminho que esclareça o leitor sobre seu significado, extremamente interessante. O fragmento foi retirado de uma longa sequência. É preciso, pois, explicar o que aconteceu antes e depois deste momento, para que se possa compreender o significado global da imagem. O leitor isento logo reconhecerá a ideia do "ponto central", que se alcança através de uma espécie de ascensão (escalar a montanha, esforço, empenho etc.). Não lhe será também difícil reconhecer o famoso problema medieval da quadratura do círculo, que pertence igualmente à esfera alquímica. No contexto apresentado ele ocupa seu justo lugar como símbolo de individuação. A personalidade total é indicada pelos quatro pontos cardeais, os quatro deuses, isto é, as quatro funções[6] que dão a orientação do espaço psíquico, e também pelo círculo que engloba a totalidade. A subjugação dos quatro deuses que ameaçam esmagar o indivíduo equivale a livrar-se da identificação com as quatro funções. É uma espécie de *nirdvandva* ("livre dos opostos") quadruplicado, através do que dar-se-á a aproximação do círculo, da integridade indivisível. Esta, por sua vez, conduz a uma elevação espiritual ulterior.

368 Devo limitar-me a estas indicações. Quem der-se ao trabalho de refletir sobre o assunto, conseguirá chegar a uma ideia aproximada do modo pelo qual se processa a transformação da personalidade. Mediante a participação ativa, a paciente mergulha nos processos inconscientes e, abandonando-se a eles, consegue dominá-los. É assim que liga consciente e inconsciente. O resultado é a ascensão pela chama, a transmutação através do calor alquímico, a gênese do "espírito sutil". É esta a função transcendente, que nasce da união dos opostos.

---

6. Cf. *Tipos psicológicos*. Op. cit. [OC, 6].

O eu e o inconsciente 115

Neste ponto, quero chamar a atenção para um sério equívoco no 369
qual incidem meus leitores e, mais ainda, os médicos. Não sei por que
motivo alguns afirmam que não faço mais do que escrever acerca do
meu método terapêutico. Não é verdade, escrevo sobre *psicologia*.
Devo ressaltar, além disso, que meu método não consiste em produzir fantasias estranhas nos pacientes, com o intuito de transformar
suas personalidades, e outras tolices desta espécie. Apenas constato
que, em certos casos, ocorre um desenvolvimento, oriundo de uma
necessidade interna. Para muitos de meus pacientes, tais ocorrências
são e continuam a ser completamente desconhecidas; e mesmo que
lhes fosse possível tomar esse caminho, seria desastroso para eles, e
eu seria o primeiro a dissuadi-los. O caminho da função transcendente é um destino individual. Mas não se imagine que esse caminho seja
semelhante ao de um anacoreta, ou que leve à alienação do mundo.
Muito pelo contrário, tal caminho só é possível e fecundo se os indivíduos assumirem na realidade as tarefas específicas e concretas que
se propõem. As fantasias não substituem o que é vivo: são frutos do
espírito que pertencem àqueles que pagam seu tributo à vida. Os pu-
silânimes não experimentam senão seu próprio medo mórbido, carente de sentido. Nem conhecerá este caminho quem tenha encontrado sua via de retorno ao seio da Mãe Igreja. Sem dúvida, esta abri-
ga sob suas formas o *mysterium magnum*, dando sentido à vida do indivíduo. Finalmente, o homem normal talvez nunca seja oprimido
por tais problemas, uma vez que sempre se satisfez com o pouco que
consegue alcançar. O leitor compreenderá, portanto, assim o espero,
que meus livros se referem a coisas que realmente acontecem, e que
sua intenção não é a de propor métodos de tratamento.

Os dois exemplos mencionados, que são fragmentos de fantasi- 370
as, correspondem à atividade da anima e do animus. Na medida em
que o paciente desempenha uma parte ativa, a figura personificada
pela anima ou pelo animus tenderá a desaparecer, tornando-se a função de relação entre consciente e inconsciente. Mas quando os conteúdos do inconsciente, isto é, as próprias fantasias, não são "realiza-
das", dão origem a uma atividade negativa e à personificação; em outras palavras, o animus e a anima se tornam autônomos. Ocorrem
nessa eventualidade anormalidades psíquicas, estados de possessão
de diversos graus, que vão desde os estados de ânimo e "ideias" até as

psicoses. Todos esses estados se caracterizam por um fator desconhe-cido, por algo que toma posse da psique num grau maior ou menor, prolongando sua existência nociva ou repugnante contra todos os es-forços de compreensão, razão e energia e proclamando desse modo o poder do inconsciente sobre a consciência: o poder soberano da *possessão*. Nestes casos, a parte possuída desenvolve em geral uma psico-logia de animus ou anima. O íncubo da mulher consiste numa legião de demônios masculinos; o súcubo do homem é uma forma de vam-piro feminino.

371 Já se terá percebido que este conceito de uma alma que, de acordo com a atitude consciente, existe de um modo autônomo ou então de-saparece numa função, nada tem a ver com o conceito cristão de alma.

372 A fantasia da minha paciente é um exemplo típico dos conteúdos produzidos pelo *inconsciente coletivo*. Apesar de sua forma ser intei-ramente subjetiva e individual, seu valor é *coletivo*: consiste num complexo de imagens universais e de ideias comuns à generalidade das pessoas, que assimilam o indivíduo à humanidade em seu conjun-to. Se tais conteúdos permanecem inconscientes, o indivíduo fica in-conscientemente misturado a outros indivíduos, isto é, não se dife-rencia, nem se individua.

373 Poder-se-ia perguntar aqui por que é tão desejável que um ho-mem se individue. Eu acrescentaria que não só é desejável como tam-bém é absolutamente necessário que o seja. Caso contrário, sua fusão com os outros o levaria a situações e ações que o poriam em desarmo-nia consigo mesmo. Dos estados de mistura inconsciente e de indife-renciação brotam compulsões e ações que se opõem àquilo que se é realmente. Dessa forma, o homem não pode sentir-se unido consigo mesmo, nem poderá aceitar uma responsabilidade. Sentir-se-á numa condição degradada, carente de liberdade e de ética. A desunião con-sigo mesmo é a condição neurótica por excelência, que se torna insu-portável para o indivíduo e da qual ele quer livrar-se. Mas esta liber-tação só ocorre quando ele se torna capaz de agir em conformidade com o ser que ele é. Inicialmente, o homem tem para isso apenas um sentimento vago e inseguro; no entanto, na medida em que seu desen-volvimento avança, tal sentimento se torna mais claro e forte. Quando alguém pode dizer, verdadeiramente, acerca de seus estados interiores e de seus atos: "Assim sou, e assim atuo", então terá alcançado essa

O eu e o inconsciente

unidade consigo mesmo, ainda que dolorosamente; pode assumir a responsabilidade de seus atos contra toda resistência. Reconheçamos que nada é tão difícil quanto suportar-se a si mesmo. ("Buscavas a carga mais pesada e te encontraste" – Nietzsche). No entanto, até esta realização dificílima será possível, se conseguirmos distinguir os conteúdos inconscientes de nós mesmos. O introvertido descobre tais conteúdos em si mesmo, enquanto o extrovertido os projeta em objetos humanos. Em ambos os casos, os conteúdos inconscientes determinam ilusões perturbadoras que nos falsificam, assim como às nossas relações com os outros, tornando ambas irreais. Estas são as razões pelas quais a individuação é indispensável para certas pessoas; ela não significa uma simples necessidade terapêutica, mas representa um alto ideal, uma ideia do que podemos fazer de melhor. É oportuno acrescentar que isso equivale ao primitivo ideal cristão do Reino do Céu, que "está dentro de vós". A ideia básica deste ideal é que a ação correta provém do pensamento correto, e que não há possibilidade de cura ou de melhoria no mundo que não comece pelo próprio indivíduo. Para dizer as coisas drasticamente: o homem que vive num asilo de mendigos ou o parasita nunca resolverão a questão social.

IV

A personalidade-mana

374   O material inicialmente apresentado para a discussão que se segue são aqueles casos em que a condição requerida, no capítulo anterior, como a meta imediata, foi alcançada: a conquista da *anima* como complexo autônomo e sua metamorfose numa função de relação entre o consciente e o inconsciente. Atingida esta meta, torna-se possível desembaraçar o *eu* de todas as suas complicações com a coletividade e com o inconsciente coletivo. Mediante tal processo, a *anima* perde o poder demoníaco que caracteriza o complexo autônomo, isto é, perde seu poder de possessão, uma vez que foi despotenciada. Não é mais a guardiã do tesouro desconhecido, nem Kundry, a mensageira demoníaca do Graal, de natureza meio divina e meio animal; também não é mais a "alma grande-dama", transformando-se numa função psicológica de caráter intuitivo, acerca da qual se poderia dizer como os primitivos: "Ela foi à floresta falar com os espíritos", ou "Minha serpente me falou", ou, na linguagem mitológica da infância: "o dedo mindinho me contou".

375   Os leitores que conhecem a descrição feita por Rider Haggard de "Ela-que-deve-ser-obedecida", lembrar-se-ão talvez do poder mágico de sua personalidade. *"She"* (Ela) é uma *personalidade-mana*, uma criatura cheia de qualidades mágicas e ocultas (mana), dotada de sabedoria e poder mágicos. Todos estes atributos provêm naturalmente de uma projeção ingênua de um autoconhecimento inconsciente. Numa expressão menos poética, tal fato expressar-se-ia mais ou menos deste modo: "Reconheço que há um fator psíquico atuante em mim, que sabe escapar do modo mais incrível à minha vontade. Põe ideias extravagantes na minha cabeça, impinge-me estados de ânimo involuntários e indesejáveis, caprichos e afetos, induz-me a ações es-

Obra Completa — Vol. 7/2

pantosas pelas quais não posso responsabilizar-me, transtorna irritantemente minhas relações com os outros etc. Sinto-me impotente diante desta realidade e, o que é pior, eu a admiro e amo". (Os poetas chamam-na de "temperamento artístico" e as pessoas avessas à poesia se desculpam de outro modo.)

Pode-se perguntar agora: quando o fator *anima* perde seu mana, para onde vai? Evidentemente, quem dominar a anima adquirirá seu mana, em analogia à ideia primitiva segundo a qual aquele que mata a personalidade-mana incorpora seu poder. ₃₇₆

Quem, entretanto, se confronta com a *anima*? Sem dúvida, o eu consciente, e é ele, então, que se apodera da *personalidade-mana*. Esta última, porém, é uma *dominante* do inconsciente coletivo: o conhecido arquétipo do homem poderoso, sob a forma do herói, do cacique, do mago, do curandeiro e do santo, senhor dos homens e dos espíritos, amigo de Deus. ₃₇₇

Esta é uma figura coletiva masculina, que emerge do fundo obscuro e toma posse da personalidade consciente. Tal perigo anímico tem uma natureza sutil, uma vez que pode aniquilar, através da inflação da consciência, aquilo que se ganhou do confronto com a *anima*. Por isso, é praticamente muito importante saber que, na hierarquia do inconsciente, a *anima* represente o nível mais baixo, sendo uma das figuras possíveis; sua subjugação constela outra figura coletiva que vai apoderar-se do mana. Na realidade é a figura do *mago* (chamo-o assim, para simplificar), que atrai para si o mana, isto é, o valor autônomo da *anima*. No entanto, só na medida em que identificar-me inconscientemente com aquela figura, julgarei que sou, eu mesmo, o possuidor do mana da *anima*. É o que acontece infalivelmente nestas circunstâncias. ₃₇₈

A figura do mágico tem um equivalente igualmente perigoso nas mulheres: a sublime figura maternal, a Grande Mãe, rainha da misericórdia, que tudo compreende e tudo perdoa e que sempre deseja o bem. Vive para os outros, nunca busca seus próprios interesses e é a descobridora do grande amor, do mesmo modo que o mago é o anunciador da verdade suprema. Mas assim como o grande amor nunca é apreciado, a grande sabedoria também nunca é compreendida. E os dois são dificilmente conciliáveis entre si. ₃₇₉

120   O eu e o inconsciente

380   Trata-se aqui de um perigoso equívoco, de uma evidente inflação. O *eu* se apropriou de algo que não lhe pertence. De que modo se apoderou do mana? Se fosse realmente o eu que subjugasse a *anima*, então o mana lhe pertenceria e seria justo deduzir daí seu acréscimo de valor. Mas por que esse valor, o mana adquirido, não atua sobre os outros? Este seria um critério essencial de sua veracidade. Pois bem, esse valor não atua, simplesmente porque o indivíduo realmente não o adquiriu; apenas mesclou-se com um arquétipo, com outra figura do inconsciente. Devemos pois concluir que o *eu* não subjugou a *anima* de modo algum; não conquistou então seu mana. A nova mescla, desta vez com uma figura do mesmo sexo, corresponde a uma identificação com a imago paterna, cujo poder é maior do que o da *anima*.

"Das criaturas, serem encadeadas é a sina.
Só é livre o homem que a si mesmo domina"[1].

Transforma-se pois o indivíduo num super-homem que ultrapassa todos os poderes, num semideus, quem sabe mais ainda... "Eu e o Pai somos um só": esta afirmação poderosa, em sua terrível ambiguidade, provém justamente deste momento psicológico.

381   Numa circunstância destas, se nosso *eu* mesquinho e limitado possuir uma centelha de autoconhecimento, deverá retirar-se, abandonando o mais depressa possível qualquer ilusão de poder e de importância. Sim, foi um engano, o eu não subjugou a *anima* e, portanto, não conquistou o seu mana. A consciência não se tornou senhora do inconsciente; simplesmente a *anima* perdeu sua arrogância, e isto na medida em que o eu se confrontou com o inconsciente. Este confronto não representou, porém, uma vitória da consciência sobre o inconsciente, mas sim o estabelecimento de um equilíbrio entre os dois mundos.

382   O "mago" tomou posse do *eu*, porque este maquinava uma vitória sobre a *anima*. Isto foi um abuso e todo abuso do *eu* provoca um abuso do inconsciente:

---

1. GOETHE, J.W. von. *Die Geheimnisse*: Ein Fragment. Zurique: [s.e.], 1962 [Vol. VII de Werke in 10 Bänden].

Obra Completa — Vol. 7/2

"A cada hora mudo a forma do meu ser
E assim exerço meu despótico poder"[2].

Assim pois, se o *eu* desistir de sua pretensão à vitória, cessará automaticamente sua possessão pelo mago. Mas para onde foi o mana? Quem ou o que se torna mana, uma vez que o mago não pode mais exercer sua magia? Sabemos até agora que nem o consciente, nem o inconsciente têm o mana. Não pretendendo mais o poder, o *eu* também não sucumbe à possessão, o que significa que o inconsciente também perde a preponderância. Nesta situação, o mana deve ter ido parar numa instância que é consciente e inconsciente, ou então que não é nem uma coisa nem outra. Esta instância é o "ponto central" da personalidade, a meta, esse ponto indescritível entre os opostos: o elemento unificador de ambos, o resultado do conflito, ou então o "produto" da tensão energética. Ele anuncia o vir à luz da personalidade, um passo intransferível para diante, o degrau seguinte.

Não pretendo que o leitor siga minuciosamente este rápido quadro sinótico. Deverá, porém, considerá-lo como uma espécie de exposição preliminar, cuja elaboração mais cuidadosa vem a seguir.

O ponto de partida do nosso problema é o estado que se segue depois do consciente haver assimilado suficientemente os conteúdos inconscientes produzidos pelos fenômenos da *anima* e do *animus*. Isto pode ser representado da seguinte maneira: os conteúdos do inconsciente são, antes de tudo, coisas que pertencem à esfera pessoal, semelhantes talvez à fantasia do meu primeiro paciente. Desenvolvem-se depois as fantasias do inconsciente impessoal, que contêm essencialmente uma simbologia coletiva, algo da mesma espécie que a visão da minha paciente. Tais fantasias não são extravagantes e desordenadas como se poderia pensar ingenuamente, mas seguem determinadas linhas de diretriz inconsciente, convergindo para certo fim. Essas fantasias podem ser comparadas com os *processos de iniciação*, uma vez que sua analogia é flagrante. Todas as tribos e grupos primitivos que se organizam, de um modo ou de outro, têm seus ritos de iniciação, frequentemente muito desenvolvidos e que desempe-

---

2. *Faust* II, ato 5, cena 4.

122 O eu e o inconsciente

nham um papel importantíssimo em sua vida social e religiosa[3]. Através dessas cerimônias os meninos se tornam homens e as meninas, mulheres. Os cavirondos insultam aqueles que não se submetem à circuncisão ou à excisão, chamando-os de "animais". Isto demonstra que os costumes de iniciação representam meios mágicos através dos quais o homem abandona a condição animal, ascendendo à condição humana. As iniciações primitivas são nitidamente *mistérios de transformação*, de grande significado espiritual. Muitas vezes os iniciados são submetidos a tratamentos dolorosos, recebendo ao mesmo tempo os mistérios da tribo: de um lado sua hierarquia e de outro, o ensinamento cosmogônico e mítico. As iniciações se mantiveram em todas as culturas. Na Grécia, os antigos mistérios de Eleusis foram aparentemente preservados até o século VII da nossa era. Roma foi inundada por religiões de mistérios. O cristianismo é uma delas, que ainda hoje mantém velhas cerimônias de iniciação, embora descoloridas e um tanto degeneradas: batismo, confirmação e comunhão. Ninguém, portanto, tem o direito de negar o imenso significado histórico das iniciações.

385   O homem moderno não possui nada que se compare à importância histórica das iniciações (lembremo-nos dos testemunhos dos antigos acerca dos mistérios de Eleusis!). A maçonaria, a Igreja gnóstica da França, os legendários rosa-cruzes, a teosofia etc., são fracos sucedâneos daquilo que na lista histórica das perdas deveria ser sublinhado com letra vermelha. O fato é que toda a simbólica da iniciação aparece nos conteúdos inconscientes com uma nitidez que não deixa lugar à dúvida. A objeção de que tudo isso não passa de uma velha superstição, carente de valor científico, é tão inteligente como se alguém observasse, frente a uma epidemia de cólera, que esta é uma doença infecciosa e, além disso, anti-higiênica. Nunca é demais repetir que não se trata de saber se os símbolos de iniciação representam ou não verdades objetivas, mas sim de saber se tais conteúdos inconscientes são ou não são equivalentes às práticas de iniciação e se têm ou não uma influência sobre a psique humana. Não se trata também de opinar se são desejáveis ou não. Basta-nos saber que existem e que são atuantes.

---

3. Cf. WEBSTER, H. *Primitive Secret Societies*. Nova York: [s.e.], 1908.

Como não posso expor detalhadamente, nesta relação, as sequências de imagens não raro extensas, espero que o leitor se contente por ora com os poucos exemplos citados, aceitando também minha afirmação de que essas conexões são construídas logicamente, numa sequência endereçada a um fim. Uso a expressão "endereçada a um fim" com certa hesitação. Ela deve ser usada sob restrição e com cautela. Nos casos de doença mental observamos séries de sonhos e entre os neuróticos ocorrem fantasias que se desenrolam em séries, espontaneamente, sem meta aparente. O jovem paciente, cuja fantasia em torno de um suicídio já mencionei, estava predisposto a produzir uma sequência de fantasias arbitrárias, a menos que aprendesse a desempenhar nelas uma parte ativa, por uma intervenção consciente. Só desse modo estabelecer-se-ia a orientação para um fim. Por um lado, o inconsciente é um processo puramente natural, sem objetivo; mas por outro lado tem o endereçamento potencial, típico de todo processo energético. Quando a consciência desempenha uma parte ativa e experimenta cada estádio do processo, compreendendo-o pelo menos intuitivamente, então a imagem seguinte sempre ascenderá a um estádio superior, constituindo-se assim finalidade da meta.

A meta seguinte da confrontação com o inconsciente é alcançar um estado em que os conteúdos inconscientes não permaneçam como tais e não continuem a exprimir-se indiretamente como fenômenos da *anima* e do *animus*, mas se tornem uma função de relação com o inconsciente. Enquanto não chegarem a isto, serão complexos autônomos, isto é, fatores de perturbação que escapam ao controle da consciência, comportando-se como verdadeiros "perturbadores da paz". É um fato conhecido ser este o motivo pelo qual meu termo "complexo" passou para a linguagem comum. Quanto mais "complexos" um homem tiver, tanto mais estará sujeito à possessão. E se tentarmos imaginar a personalidade que se exprime através de seus complexos, chegaremos à conclusão de que se trata de uma mulher histérica, isto é, da anima! Mas se esse homem conscientizar seus conteúdos inconscientes, tais como aparecerem inicialmente nos conteúdos fáticos de seu inconsciente pessoal e depois nas fantasias do inconsciente coletivo, chegará às raízes de seus complexos. Só assim poderá libertar-se de sua possessão, e ao mesmo tempo dos fenômenos da anima.

124 O eu e o inconsciente

388   No entanto, aquela instância todo-poderosa, que causou a possessão – e da qual não posso me desvencilhar, pois de algum modo é superior a mim –, logicamente deveria desaparecer com a *anima*. O indivíduo ficaria assim "livre de complexos", isto é, o que se poderia chamar
de psiquicamente asseado. Nada mais deveria ocorrer que não fosse
aprovado pelo *eu*; se este desejasse algo, nada se interporia como obstáculo. O *eu* assumiria, pois, uma posição inexpugnável: a firmeza de
um super-homem e a superioridade de um perfeito sábio. Estas duas figuras são imagens ideais, correspondendo a um Napoleão, a um
Lao-Tsé. Ambas concernem ao conceito do "extraordinariamente eficaz", expressão usada por Lehmann, em sua conhecida Monografia[4]
para explicar o significado do *mana*. Por isso chamo tal personalidade
de *personalidade-mana*. Ela corresponde a uma dominante do inconsciente coletivo, a um arquétipo que se formou na psique humana desde tempos imemoriais, através de experiências que lhe correspondem.
O primitivo não analisa e não percebe por que alguém é superior a ele.
Se por acaso for mais hábil ou mais forte do que ele, é porque tem
mana, isto é, uma grande energia; no entanto, poderá perdê-la se uma
pessoa passar por cima dele ou se pisar em sua sombra.

389   A personalidade-mana se desdobra historicamente na figura do
herói e do homem-deus[5], cuja figura terrena é o sacerdote. Os analistas teriam o que dizer sobre o mana de que são investidos! Mas na medida em que aparentemente o *eu* se apropria do poder que pertence à
anima, nessa mesma medida se converte em personalidade-mana. Tal
manifestação constitui um fenômeno quase geral. Posso até mesmo dizer que nunca vi o desenvolvimento mais ou menos avançado de um
processo desta espécie, sem a ocorrência, pelo menos passageira, de
uma identificação com o arquétipo da personalidade-mana. É natural que isto ocorra, pois a própria pessoa o espera, assim como os demais. Dificilmente fugiremos à tentação de admirar-nos a nós mesmos por havermos encarado as coisas mais a fundo do que os outros;
estes, por seu lado, também sentem a necessidade de encontrar em al-

---

4. LEHMANN, F.R. *Mana*. Leipzig: [s.e.], 1922.
5. Segundo a crença popular o Rei supremamente cristão podia curar a epilepsia com seu mana.

Obra Completa — Vol. 7/2   125

guma parte um herói palpável ou um sábio superior, um guia e um pai, uma autoridade indiscutível: dessa forma poderão edificar templos e queimar incenso a esses deuses em miniatura. Tal fato não deve ser considerado uma simples estupidez de idólatras sem espírito crítico, mas sim como uma lei psicológica natural, segundo a qual o que foi no passado tornará a ser no futuro. Isto será inevitável até que a consciência consiga romper a concretização ingênua das imagens primordiais. Não sei se é desejável que a consciência altere as leis eternas; sei unicamente que às vezes as altera e que esta medida representa uma necessidade vital para certos homens, o que não os impede de sentar-se muitas vezes ao trono do pai, confirmando de novo a velha regra. É difícil prever de que modo o homem poderia escapar ao poder das imagens primordiais.

Não creio que o homem possa escapar a este poder superior. Poderá, entretanto, mudar de atitude em relação a ele, evitando assim o risco de sucumbir ingenuamente a um arquétipo no caso de desempenhar um papel à custa de sua humanidade. O homem possuído por um arquétipo se converte numa figura coletiva, numa espécie de máscara atrás da qual sua humanidade não pode desenvolver-se, atrofiando-se cada vez mais. Devemos por isso ter cuidado de não sucumbir à dominante da personalidade-mana. Esse perigo consiste em ter de assumir a máscara paterna ou então o de ficar entregue à dita máscara, usada por outro. Neste sentido, mestre e discípulo se equivalem.

A dissolução da anima significa que se compreendeu enfim os poderes propulsores do inconsciente, não, porém no sentido de havê-los privado de sua eficácia. Eles podem assaltar-nos de novo, a qualquer momento, de uma forma ou de outra. E o farão, sem dúvida, se nossa atitude consciente tiver uma lacuna. É um poder contra outro poder. Se o *eu* tiver a pretensão de usurpar o poder do inconsciente, este reagirá através de uma investida sutil; neste caso, pela dominante da personalidade-mana, cujo enorme prestígio seduz o *eu*. A isso só podemos nos opor mediante a plena confissão de nossa própria fraqueza diante dos poderes do inconsciente. Dessa forma não oporemos um poder contra o inconsciente, evitando assim provocá-lo.

O leitor talvez ache cômico que se fale do inconsciente de um modo, por assim dizer, pessoal. Eu não queria sugerir a ideia de que

390

391

392

considero o inconsciente como uma instância pessoal. O inconsciente consiste de processos naturais, que ultrapassam a instância humanamente pessoal. Só nossa consciência é "pessoal". Portanto, ao usar o termo "provocar", não quis com isto dizer que podemos insultar o inconsciente e este, a modo dos deuses antigos, teria a possibilidade de responder ao homem pelo ciúme ou pela vingança. Acho que se trata muito mais de uma falta cometida contra a dieta psíquica, resultando desse desequilíbrio uma indigestão de ordem psíquica. O inconsciente reage automaticamente como meu estômago e, no sentido figurado, vinga-se de mim. Ao arrogar-me um poder indevido sobre o inconsciente, cometo uma falta dietética de ordem psíquica, que seria melhor evitar para o meu próprio bem. Essa analogia nada poética é, no entanto, branda demais diante dos efeitos morais devastadores e de grande alcance de um inconsciente transtornado. Diante deles seria talvez mais adequado falar de uma vingança dos deuses ofendidos.

393   Diferenciando o *eu* do arquétipo da personalidade-mana, somos obrigados a conscientizar – tal como no caso da anima – os conteúdos específicos da personalidade-mana. Historicamente, esta é sempre a detentora de um nome secreto ou de um saber especial, ou ainda da prerrogativa de uma atuação particular (*quod licet Jovi, non licet bovi*); numa palavra, ela possui uma *distinção individual*. A conscientização dos conteúdos que compõem o arquétipo da personalidade-mana significa para o homem libertar-se pela segunda vez e definitivamente do pai. Para a mulher, significa libertar-se da mãe, sentindo pela primeira vez a própria individualidade. Esta parte do processo corresponde exatamente à intenção das iniciações primitivas e concretizadoras, incluindo o batismo, isto é, a separação dos pais "carnais" (ou animais) e o renascimento "*in novam infantiam*", numa condição de imortalidade e infância espiritual, segundo foi formulado por algumas religiões de mistérios do mundo arcaico, entre as quais figura o cristianismo.

394   Mas existe a possibilidade do indivíduo não identificar-se com a personalidade-mana e concretizá-la como um "Pai do céu" extramundano, ao qual é atribuído um caráter *absoluto* (para muitos, ele reside no coração). Com isto se atribuiria ao inconsciente uma preponderância igualmente absoluta (se o esforço da fé o conseguisse), e

Obra Completa – Vol. 7/2   127

assim todo o valor se dispersaria no inconsciente[6]. Logicamente, nada mais resta, neste caso, senão um mísero fragmento de homem inferior, cheio de pecados. Sabemos que esta solução se transformou numa concepção histórica do mundo. Coloco-me aqui num terreno psicológico, sem qualquer pretensão de ditar ao universo minhas verdades eternas, e devo, portanto, fazer uma observação crítica relativa àquela solução. Se eu atribuir todos os valores mais altos ao inconsciente, construindo assim um *summum bonum*, colocar-me-ei na desagradável situação de ter que inventar um demônio do mesmo peso e grandeza, a fim de manter o equilíbrio psicológico com o meu *summum bonum*. Minha modéstia de forma alguma permitiria que eu me identificasse com o demônio. Além de ser isso uma incrível presunção, colocar-me-ia em conflito com meus valores supremos. E meu "déficit" moral também não o permitiria.

Por motivos psicológicos, recomendo que não se edifique deus algum a partir do arquétipo da personalidade-mana, isto é, aconselho que não se concretize esta última. Eu evitaria, dessa forma, projetar meus valores e indignidades em Deus e no Diabo, preservando assim minha dignidade humana, meu lastro específico, sem o qual eu poderia transformar-me num joguete frágil dos poderes inconscientes. Embora nos relacionemos com o mundo visível, não teríamos a insensatez de julgarmo-nos seus senhores. Seguimos aqui, naturalmente, o princípio da "*nonresistance*" diante dos poderes que nos sobrepujam, até um limite máximo individual; além deste limite, até mesmo o cidadão mais pacato se transforma no mais encarniçado dos revolucionários. Nossa veneração pela lei e pelo Estado é um modelo

395

---

6. "Absoluto" significa "desligado". Afirmar que Deus é absoluto significa situá-lo fora de qualquer conexão com os homens. O homem não pode atuar sobre Ele, nem Ele sobre o homem. Tal Deus seria desprovido de importância. Para ser franco, só se pode falar de um Deus que se relacione com os homens, como estes com aquele. A concepção cristã de Deus, como o "Pai que está no céu" exprime de forma estranha a relatividade de Deus. Deixando de lado o fato de que o homem, diante de Deus, é mais inoperante do que uma formiga em relação ao acervo do Museu Britânico, podemos explicar esse impulso de declarar Deus absoluto como o temor de que pudesse tornar-se "psicológico". Isto seria, sem dúvida, perigoso. Um Deus absoluto nada tem a ver conosco, enquanto um Deus "psicológico" seria *real*, poderia alcançar o homem. A Igreja parece ser um instrumento mágico para proteger o homem de uma tal eventualidade, pois, como está escrito, "é terrível cair nas mãos do Deus vivo".

recomendável para nossa atitude geral diante do inconsciente coletivo. ("Dai a César o que é de César e a Deus o que é de Deus".) Até aqui nossa obediência não seria difícil. Mas há também no mundo outros fatores que absolutamente não são aprovados pela nossa consciência e diante dos quais nos prosternamos. Por quê? Praticamente, pelo fato de serem mais salutares do que os que se lhe opõem. Assim pois há fatores no inconsciente em relação aos quais devemos ser prudentes. ("Não resistais ao mal". "Fazei amigos nas casas do injusto Mammon." "Os filhos do mundo são mais prudentes do que os filhos da luz", logo: "Sede prudentes como as serpentes e dóceis como as pombas".)

396 *A personalidade-mana representa um ser de uma sabedoria superior e de uma vontade igualmente superior.* Quem conscientizar os conteúdos básicos desta personalidade tem que assumir o fato de ter aprendido a conhecer e a querer mais do que os outros. Este desagradável parentesco com os deuses, como se sabe, atravessou os ossos de Angelus Silesius, a ponto de precipitá-lo do alto de seu superprotestantismo (saltando a estação intermediária de Lutero, que se tornara insegura) ao colo da Mãe negra, para o mal de seus nervos e de seu talento lírico.

397 E mesmo Cristo e, depois dele, Paulo lutaram com estes mesmos problemas, o que se tornou claro por vários indícios. Meister Eckhart, Goethe no *Fausto* e Nietzsche no *Zaratustra* aproximaram-nos novamente deste problema. Tanto Goethe como Nietzsche procuraram resolvê-lo através da ideia do poder: o primeiro recorrendo ao mago e ao homem de vontade brutal que pactua com o diabo, e o segundo exaltando o homem que pertence à categoria dos senhores e ao sábio sem Deus e sem Diabo. Em Nietzsche, o homem é um ser solitário, como ele mesmo era, neurótico, financeiramente dependente, sem Deus e sem mundo. Certamente esta não é uma situação ideal para um homem que tem os pés na realidade, com família e dívidas a pagar. Não há nada que possa contestar a realidade do mundo, nem há caminho que nos desvie dela. Poderá o filósofo neurótico provar-nos que não tem uma neurose? Nem mesmo poderá prová-lo a si mesmo. Com nossa alma, estamos sujeitos a influências consideráveis que vêm de dentro e de fora, e devemos satisfazer a ambas, de um modo ou de outro. Só o faremos na medida de nossas capacidades individu-

Obra Completa — Vol. 7/2 129

ais. Por isso devemos refletir acerca de nós mesmos, não em termos do que "se deveria", mas sim do que se *pode e deve* fazer.

Assim é que a dissolução da personalidade-mana, através da assimilação consciente de seus conteúdos, leva-nos naturalmente a nós mesmos, como a algo de vivo e existente, suspenso entre duas imagens do mundo e suas potências experimentadas com nitidez, mas só obscuramente pressentidas. Este "algo" é-nos estranho e, no entanto, próximo; sendo plenamente o que somos, é incognoscível, um centro virtual de misteriosa constituição e que poderá exigir tudo: parentesco com animais e deuses, com cristais e estrelas, sem que isso nos surpreenda ou provoque nossa desaprovação. Tudo isto é exigido e nada temos nas mãos para opor razoavelmente a tal exigência. E é saudável prestar ouvidos a essa voz. 398

Dei a este ponto central o nome de *si-mesmo (Selbst)*. Intelectualmente, ele não passa de um conceito psicológico, de uma construção que serve para exprimir o incognoscível que, obviamente, ultrapassa os limites da nossa capacidade de compreender. O *si-mesmo* também pode ser chamado "o Deus em nós". Os primórdios de toda nossa vida psíquica parecem surgir inextricavelmente deste ponto e as metas mais altas e derradeiras parecem dirigir-se para ele. Tal paradoxo é inevitável como sempre que tentamos definir o que ultrapassa os limites de nossa compreensão. 399

Espero ter esclarecido suficientemente o leitor atento para poder acrescentar que o *si-mesmo* está para o *eu*, assim como o sol está para a terra. Ambos não são permutáveis. Não se trata, porém, de uma deificação do homem ou de uma degradação de Deus. O que está além da compreensão humana é, por isso mesmo, inalcançável. Quando usamos o conceito de Deus estamos simplesmente formulando um determinado fato psicológico, ou seja, a independência e supremacia de certos conteúdos psíquicos que se caracterizam por sua capacidade de opor-se à nossa vontade, de obcecar a consciência e influenciar nossos estados de espírito e nossas ações. Ficaríamos indignados se um capricho inexplicável, uma perturbação nervosa ou um vício incontrolável fossem considerados, por assim dizer, como uma manifestação de Deus. Mas seria uma perda irreparável para a experiência religiosa se tais coisas, inclusive as más, fossem artificialmente sepa- 400 radas do repertório dos conteúdos psíquicos autônomos. É um eufemismo[7] apotropaico tratar essas coisas com um "nada mais do que..." explicativo. Dessa forma são reprimidos, com uma vantagem apenas aparente: só muda o aspecto da ilusão. A personalidade não se enriquece, torna-se pobre e sufoca. O que parece mau, ou pelo menos carente de sentido e de valor para a experiência e conhecimento contemporâneos, pode ser, num nível mais alto de experiência e conhecimento, a fonte do melhor. Naturalmente, tudo dependerá do uso que fizermos de nossos sete demônios. Explicá-los como desprovidos de sentido priva a personalidade da sombra que corresponde a eles e tira-lhe a forma. A "forma viva" precisa de sombras profundas a fim de revelar sua realidade plástica. Sem as sombras, ela fica reduzida a uma ilusão bidimensional ou então a uma criança mais ou menos bem educada.

401   Refiro-me aqui a um problema muito mais significativo do que estas poucas e simples palavras que o exprimem: a humanidade, em sua essência, continua num estado infantil, psicologicamente falando. Essa fase não pode ser omitida. A grande maioria necessita de autoridade, diretriz, lei. Tal fato não pode ser negligenciado. A superação paulina da lei só serve para aqueles que são capazes de pôr a alma no lugar da consciência moral. São poucos os que estão aptos para isto. ("Muitos são os chamados, poucos os eleitos"). E estes poucos só trilharão tal caminho por uma coação interna, para não dizer pelo sofrimento, pois esse caminho é como um fio de navalha.

402   A concepção de Deus como um conteúdo psíquico autônomo o transforma num *problema moral* e isto, confessemos, é muito desagradável. Se este problema não existisse, Deus não seria real, pois nenhuma atuação teria em nossas vidas. Seria apenas um conceito-fantasma ou uma sentimentalidade filosófica.

403   Se abandonarmos a ideia de uma "divindade" e considerarmos apenas os conteúdos autônomos, manter-nos-emos numa posição intelectual e empiricamente correta, mas encobriremos uma nota que psicologicamente não deve faltar. Ao utilizarmos o conceito do "divino", expressamos de modo correto o caminho peculiar pelo qual ex-

---

7. Dar um nome bom às coisas más, a fim de desviar seu malefício.

perimentamos as atuações destes conteúdos autônomos. Podemos usar também o termo "demoníaco", desde que não queiramos reservar algum desvão do nosso ser para outro Deus concretizado segundo nossos desejos e ideias. Entretanto, de nada servirá nossa prestidigitação intelectual para tornar real o Deus que desejamos, da mesma forma que o mundo também não se adapta às nossas expectativas. Dando o atributo de "divino" às atuações dos conteúdos autônomos, admitimos sua força relativamente superior. E é esta força superior que obrigou os homens de todos os tempos a pensar o impensável e a submeter-se a todos os sacrifícios para corresponder às suas atuações. Tal força é tão real como a fome e o medo da morte.

O *si-mesmo* pode ser caracterizado como uma espécie de compensação do conflito entre o interior e o exterior. Esta formulação não seria má, dado que o *si-mesmo* tem o caráter de algo que é um resultado, uma finalidade atingida pouco a pouco e através de muitos esforços. Assim, pois, representa a meta da vida, sendo a expressão plena dessa combinação do destino a que damos o nome de indivíduo: não só do indivíduo singular, mas de um grupo, em que um completa o outro, perfazendo a imagem plena.

Sentindo o *si-mesmo* como algo de irracional e indefinível, em relação ao qual o *eu* não se opõe nem se submete, mas simplesmente se liga, girando por assim dizer em torno dele como a terra em torno do sol – chegamos à meta da individuação. Uso a palavra "sentir" para caracterizar o modo aperceptivo da relação entre o *eu* e o *si-mesmo*. Nada se pode conhecer nesta relação, uma vez que nada podemos afirmar acerca dos conteúdos do *si-mesmo*. O *eu* é o único dentre os conteúdos do *si-mesmo* que conhecemos. O *eu* individuado se sente como o objeto de um sujeito desconhecido e de ordem superior. Parece-me que as indagações psicológicas chegam aqui ao seu limite extremo, pois a ideia do *si-mesmo* é em si e por si um postulado transcendente que pode ser justificado psicologicamente, mas não demonstrado de um modo científico. O passo além da ciência representou uma necessidade absoluta do desenvolvimento psicológico que aqui tentei descrever; sem este postulado, eu não poderia formular de modo adequado os processos que ocorrem empiricamente. Por isso, o *si-mesmo* pode pretender pelo menos ter o valor de uma hipótese, análoga à da estrutura dos átomos. E mesmo que estejamos mais uma vez envolvidos numa imagem, trata-se de algo poderosamente vivo, cuja interpretação ultrapassa minhas possibilidades. Não duvido em absoluto que se trata de uma imagem, mas é uma imagem na qual estamos incluídos.

406   Sei perfeitamente que este ensaio exigiu do leitor um esforço de compreensão incomum. Por meu lado, esforcei-me de todos os modos possíveis no sentido de aplanar a via da compreensão. Não consegui, entretanto, remover a grande dificuldade representada pelo fato de que as experiências básicas, que fundamentam minhas discussões, são desconhecidas pela maioria das pessoas, parecendo-lhes extravagantes. Não espero, pois, que os leitores sigam todas as conclusões apresentadas. Apesar da satisfação natural que todo autor sente com a compreensão do seu público, é menos importante para mim a interpretação de minhas observações, do que ter aberto um amplo campo de experiências ainda inexplorado, pondo-o, através deste livro, ao alcance de muitos. Neste campo, até agora tão obscuro, poderão ser encontradas as respostas de muitos enigmas que até agora desafiaram a psicologia da consciência. Não pretendo de modo algum ter respondido de forma definitiva ao problema. Dar-me-ei, no entanto por satisfeito se este livro for considerado a tentativa tateante de uma resposta.

Apêndice

A estrutura do inconsciente[1]

1. Inconsciente pessoal e inconsciente coletivo

Desde a época em que ocorreu a dissidência na Escola de Viena por causa do princípio de interpretação analítica, a saber, se este consistia na sexualidade ou na simples energia, nossas concepções se desenvolveram de um modo substancial. Depois de afastarmos a questão do fundamento explicativo, estabelecendo este último como algo puramente conceitual cuja natureza não deve ser antecipada, nosso interesse se voltou para o conceito do inconsciente.

É geralmente conhecido o ponto de vista freudiano segundo o qual os conteúdos do inconsciente se reduzem às tendências infantis reprimidas, devido à incompatibilidade de seu caráter. A repressão é um processo que se inicia na primeira infância, sob a influência moral do ambiente, perdurando através da vida. Teoricamente, o inconsciente é esvaziado e como que abolido, mas na realidade a produção de fantasias sexuais infantis prossegue até a velhice.

Segundo a teoria freudiana o inconsciente contém, por assim dizer, apenas as partes da personalidade que poderiam ser conscientes se

---

1. Publicamos aqui "O eu e o inconsciente" a partir do trabalho original que nunca foi publicado sob esta forma em língua alemã. Trata-se de uma conferência realizada em 1916 na Zürcher Schule für Analytische Psychologie. Essa conferência apareceu sob o título de "La structure de l'inconscient" em *Archives de Psychologie*, XVI, 1916. Publicamos em notas ao pé da página, entre parênteses, as partes da primeira versão, posteriormente modificadas ou suprimidas. A segunda redação foi mantida no texto, entre colchetes.

o processo da cultura não as tivesse reprimido[2]. Mesmo considerando que, sob um determinado ponto de vista, as tendências infantis do inconsciente são preponderantes, seria incorreto definir ou avaliar o inconsciente apenas nesses termos. Este possui ainda outro aspecto:

Em sua totalidade o inconsciente compreende não só os materiais *reprimidos*, mas todo material psíquico que subjaz ao limiar da consciência. É impossível explicar pelo princípio da repressão a natureza subliminal de todo este material; caso contrário, a remoção das repressões proporcionaria ao indivíduo uma memória fenomenal, à qual nada escaparia[3].

Sublinhamos, pois, que além do material reprimido, o inconsciente contém todos aqueles componentes psíquicos subliminais, inclusive as percepções subliminais dos sentidos. Sabemos, além disso, tanto por uma farta experiência como por razões teóricas, que o inconsciente contém todo o material que *ainda não* alcançou o limiar da consciência. São as sementes de futuros conteúdos conscientes. Temos também razões para supor que o inconsciente jamais se acha em repouso, estando sempre empenhado em agrupar e reagrupar as chamadas fantasias inconscientes. Só em casos patológicos tal atividade pode tornar-se relativamente autônoma; de um modo normal ela é coordenada com a consciência, numa relação compensatória.

Pode-se afirmar que esses conteúdos são pessoais, na medida em que foram adquiridos durante a existência do indivíduo. Sendo esta última limitada, também deveria ser limitado o número de conteúdos adquiridos e depositados no inconsciente. Se assim fosse, haveria a possibilidade de esgotar o inconsciente na análise; em outras palavras, poder-se-ia através da análise fazer o inventário completo dos

---

2. (Primeira versão. Por conseguinte, o conteúdo essencial do inconsciente seria pessoal. Sabemos, na medida em que a teoria freudiana é verdadeira, até que ponto são fantásticas as queixas de Freud e de seus discípulos acerca do repúdio da sexualidade e do princípio de repressão. Os fenômenos descritos por Freud são efetivos, mas não abarcam a totalidade dos fenômenos inconscientes.)

3. (Primeira versão. A transformação existe, mas se trata de um caso especial. Se a má memória fosse consequência de uma repressão, os indivíduos dotados de excelente memória seriam isentos de repressão e de qualquer neurose. Como a experiência demonstra, não é isto que acontece. Certamente há casos de memória anormalmente má em que cabe à repressão claramente a parte do leão. Tais casos são relativamente raros.)

O eu e o inconsciente 135

conteúdos inconscientes, talvez no sentido de que o inconsciente nada mais poderia produzir além dos conteúdos já conhecidos e recolhidos pela consciência. Poderíamos também supor, como já observamos, que anulando a repressão impediríamos a descida dos conteúdos psíquicos ao inconsciente, o que estancaria a produtividade deste último. A experiência nos revela que isto só é possível numa proporção muito limitada. Aconselhamos nossos pacientes a reter e assimilar em seu plano de vida os conteúdos reprimidos, que foram associados de novo à consciência. Tal processo, no entanto, como verificamos diariamente, não exerce qualquer influência sobre o inconsciente; este continua a produzir tranquilamente as mesmas fantasias sexuais infantis que, segundo a teoria precedente, deveriam ser motivadas por repressões de ordem sexual. Se continuarmos a análise de tais casos, descobriremos pouco a pouco um inventário de fantasias eróticas incompatíveis, cujo encadeamento nos surpreende. Nas perversões sexuais se encontram todos os crimes imagináveis e também todas as grandes ações e pensamentos sublimes, cuja presença nunca suporíamos no analisando.

Para dar um exemplo, lembro-me do caso de um paciente esquizofrênico de Maeder, que interpretava o *mundo como seu livro de imagens*[4]. Tratava-se de um pobre aprendiz de serralheiro que adoecera muito jovem e nunca fora muito inteligente. Ocorrera-lhe a ideia de que o mundo era o seu livro de imagens: enquanto o folheava podia vê-lo em torno de si. Numa linguagem plástica primitiva, esta é uma expressão do *Mundo como Vontade e Representação* de Schopenhauer. Essa visão tem o mesmo caráter sublime das ideias do filósofo. A diferença reside, porém, no fato de que a visão do paciente permaneceu no grau de mera excrescência, enquanto que a ideia de Schopenhauer ascendeu da visão para a abstração, exprimindo-se numa linguagem de validez universal.

Seria totalmente falso afirmar que a visão do paciente possui apenas caráter e valor pessoais. Se assim fosse, deveríamos atribuir-lhe a dignidade de filósofo. Mas como já notamos, filósofo é aque-

---

4. MAEDER, A. Psychologische Untersuchungen an Dementia Praecox-Kranken. *Jahrbuch für psychoanalytische u. psychopathologische Forschungen*, Vol. II, 1910. Leipzig/Viena.

le que consegue transmudar uma visão espontânea numa ideia abstrata, mediante uma linguagem válida para todos. A visão filosófica de Schopenhauer constitui seu *valor pessoal*, enquanto que a concepção do paciente é um *valor impessoal* surgido espontaneamente. Só o que tem um patrimônio pessoal pode abstrair tal visão até o nível da ideia, traduzindo-a numa linguagem universalmente válida. Seria incorreto, porém, atribuir ao filósofo, exagerando sua realização, o mérito de ter construído ou pensado a visão original. Esta ocorre naturalmente tanto ao filósofo como ao paciente, sendo um fragmento do bem comum da humanidade do qual, em princípio, todos partilhamos. As maçãs de ouro provêm da mesma árvore, quer sejam recolhidas por um aprendiz de serralheiro ou por um Schopenhauer.

Tais concepções primitivas, das quais citei numerosos exemplos em meu livro sobre a libido, levam-nos a fazer uma distinção, no que se refere ao material inconsciente, muito diversa daquela que fazemos entre pré-consciente e inconsciente ou entre *"subconscious"* e *"unconscious"*. Não discutiremos aqui a exatidão dessas distinções. Elas têm um valor bem definido e merecem ser esclarecidas posteriormente, como pontos de vista. A diferenciação que a experiência me impôs apenas reivindica para si o valor de ser mais um ponto de vista. Do que dissemos até aqui se segue que devemos distinguir, no que chamamos inconsciente, uma camada que denominamos *inconsciente pessoal*. Os materiais contidos nessa camada são de natureza pessoal porque se caracterizam, em parte, por aquisições derivadas da vida individual e, em parte, por fatores psicológicos[5] que também poderiam ser conscientes.

É fácil compreender que elementos psicológicos incompatíveis sejam submetidos à repressão, tornando-se por isso inconscientes; mas, por outro lado, há sempre a possibilidade de tornar conscientes os conteúdos reprimidos e mantê-los na consciência, uma vez que tenham sido reconhecidos. Os *conteúdos inconscientes* são de natureza pessoal quando podemos reconhecer em nosso passado seus efeitos, sua manifestação parcial, ou ainda sua origem específica. São partes

---

5. Por exemplo, tendências e desejos reprimidos, que são incompatíveis com a moral ou com os sentimentos estéticos do indivíduo.

O eu e o inconsciente 137

integrantes da personalidade, pertencem a seu inventário e sua perda produziria na consciência, de um modo ou de outro, uma inferioridade. A natureza desta inferioridade não seria psicológica, como no caso de uma mutilação orgânica ou um defeito de nascença, mas o de uma omissão que geraria um ressentimento moral. O sentimento de uma inferioridade moral indica sempre que o elemento ausente é algo que não deveria faltar em relação ao sentimento ou, em outras palavras, representa algo que deveria ser conscientizado se nos déssemos a esse trabalho. O sentimento de inferioridade moral não provém de uma colisão com a lei moral geralmente aceita e de certo modo arbitrária, mas de um conflito com o próprio *si-mesmo* que, por razões de equilíbrio psíquico, exige que o déficit seja compensado. Sempre que se manifesta um sentimento de inferioridade moral aparece a necessidade de assimilar uma parte inconsciente e também a possibilidade de fazê-lo. Afinal são as qualidades morais de um ser humano que o obrigam a assimilar seu *si mesmo* inconsciente, mantendo-o na consciência, quer pelo reconhecimento da necessidade de fazê-lo, quer indiretamente, através de uma penosa neurose. Quem progredir no caminho da realização do *si-mesmo* inconsciente trará inevitavelmente à consciência conteúdos do inconsciente pessoal, ampliando o âmbito de sua personalidade.

Poderia acrescentar que esta "ampliação" se refere, em primeiro lugar, à consciência moral, ao autoconhecimento, pois os conteúdos do inconsciente liberados e conscientizados através da análise são em geral incompatíveis, e por isso mesmo foram reprimidos. Figuram entre eles desejos, tendências etc. Tais conteúdos equivalem, por exemplo, aos que são trazidos à luz pela confissão de um modo mais limitado. A analogia com a confissão é válida somente em relação à anamnese, pois esta última é também uma reprodução consciente. O restante, em geral, aparece mediante a análise dos sonhos. É muito interessante observar como às vezes os sonhos fazem emergir os pontos essenciais, um a um, em perfeita ordem. Todo esse material acrescentado à consciência determina uma considerável ampliação do horizonte, um aprofundamento do autoconhecimento e, principalmente, humaniza o indivíduo, tornando-o modesto. Entretanto, o autoconhecimento, considerado pelos sábios como o melhor e o mais eficaz para o homem, produz diferentes efeitos sobre os diversos caráteres. Assim o demonstram as descobertas notáveis na análise prática. Tratarei desta questão no próximo capítulo.

2. Fenômenos resultantes da assimilação do inconsciente

O processo de assimilação do inconsciente produz fenômenos dignos de nota: alguns pacientes adquirem uma consciência de si mesmos ou uma autoconfiança exageradas e até mesmo desagradáveis; não há o que não saibam, é como se estivessem a par de tudo que se relacione com o próprio inconsciente, acreditando reconhecer tudo que dele emerge. A cada sessão aumenta seu sentimento de superioridade em relação ao médico. Outros pelo contrário sentem-se cada vez mais esmagados pelos conteúdos do inconsciente. Perdem sua dignidade própria, ou a consciência de si mesmos, aproximando-se de uma apatia resignada diante das coisas extraordinárias que o inconsciente produz. A primeira espécie de pacientes, na exuberância de sua autoconfiança assume uma responsabilidade diante do inconsciente, que vai longe demais, além dos limites razoáveis; os outros abandonam toda responsabilidade, numa verificação oprimente da impotência do eu contra o destino que o domina através do inconsciente.

Se analisarmos esses dois modos extremos de reação à análise, descobriremos que atrás da autoconfiança otimista dos primeiros se oculta um desamparo intenso, ou muito mais intenso, em relação ao qual o otimismo consciente atua como uma compensação malograda. E atrás da resignação pessimista dos outros há uma obstinada vontade de poder que ultrapassa, no que concerne a segurança, o otimismo consciente dos primeiros.

Com esses dois modos de reação só esbocei os tipos extremos. A matização sutil das duas atitudes aproximar-se-ia mais da realidade. Como já disse em outra parte, cada analisando começa abusando inconscientemente do conhecimento da análise, em proveito de sua atitude neurótica, a não ser que já tenha se livrado dos sintomas do período inicial, podendo então prescindir do tratamento. Nesta fórmula subjaz também um ponto de partida para a descrição dos resultados do autoconhecimento analítico. Um fator importante desse primeiro período é que tudo ainda é compreendido ao nível do objeto, isto é, sem

O eu e o inconsciente   139

que haja distinção entre imago e objeto, de modo que tudo é relacionado diretamente com este último. Para os que têm os "outros" como objeto de preferência, de todo autoconhecimento que puderam absorver neste período da análise, concluirão: "Ah, os outros são assim!" Segundo seu modo de ser, tolerante ou intolerante, acreditar-se-ão obrigados a iluminar o mundo. O outro tipo humano, que se sente mais como objeto de seus semelhantes do que como sujeito, carregará o peso desse autoconhecimento e ficará deprimido. (Deixo de lado os inúmeros casos de pessoas cuja natureza superficial experimenta tais problemas só de passagem.) Entretanto, em ambos os casos, ocorre uma intensificação da relação com o objeto, ativa no primeiro, reativa no segundo. *O fator coletivo se acentua nitidamente.* O primeiro tipo estende sua esfera de ação, o segundo, a esfera do sofrimento.

Adler empregou a expressão "semelhança a Deus[1]" para caracterizar certos traços fundamentais da psicologia neurótica do poder. Ao tomar emprestada a mesma ideia ao *Fausto* de Goethe, faço-o mais no sentido daquela conhecida passagem em que Mefistófeles escreve no álbum do estudante:

"Eritis sicut Deus, scientes bonum et malum" e este aparte:

"Segue o velho conselho de minha tia, a Serpente.
Tua semelhança a Deus te deixará todo tremente!"

Essa semelhança a Deus se refere, é claro, ao conhecimento do bem e do mal. A análise e a conscientização dos conteúdos inconscientes engendram uma espécie de tolerância superior, graças à qual as partes relativamente indigestas da caracterologia inconsciente podem ser aceitas. Tal tolerância pode parecer muito sábia e "superior", mas muitas vezes não passa de um belo gesto que desencadeia uma série

---

1. De certo modo, tal sentimento de "semelhança a Deus" existe *a priori*, mesmo antes da análise e não apenas nos neuróticos, mas também nos indivíduos normais. A diferença reside no fato de que estes últimos se acham eficazmente separados das percepções inconscientes, o que não ocorre com os neuróticos. Devido à sua sensibilidade especial, eles participam dos processos do inconsciente numa medida muito maior do que aquela que se verifica nos casos normais. Assim, pois, o sentimento de "semelhança a Deus" é muito mais nítido nos primeiros do que nos segundos. Através do conhecimento acerca do inconsciente que provém da análise, o sentimento de "semelhança a Deus" é intensificado, desencadeando entre outras coisas um dogmatismo desagradável concernente à visão psicanalítica.

de consequências. Duas esferas, antes cuidadosamente separadas, foram aproximadas. Depois de consideráveis resistências realizou-se com sucesso a união dos opostos, pelo menos aparentemente.

A compreensão mais profunda obtida desse modo, a justaposição do que antes estava separado (e daí a aparente superação do conflito moral), dá lugar a um sentimento de superioridade que pode muito bem expressar-se como "semelhança a Deus". Entretanto, esta justaposição do bem e do mal pode provocar o sofrimento do conflito cósmico, despertando o Deus sofredor. Esta seria a outra forma da semelhança a Deus.

A semelhança a Deus não é, de qualquer forma, um conceito científico, ainda que exprima com acerto fatos psicológicos. Devemos, no entanto, investigar de onde provém tal atitude e por que recebe o nome de semelhança a Deus. Como a expressão indica, a condição anormal do analisando consiste em atribuir a si mesmo qualidades ou valores que evidentemente não lhe pertencem, pois ser semelhante a Deus é ser semelhante a um espírito superior ao espírito humano.

Se, para fins psicológicos, suspendermos a hipóstase do conceito de Deus, veremos que este termo compreende não só o fenômeno dinâmico que discuti no meu livro *Wandlungen und Symbole der Libido*, mas também uma certa função psíquica que tem um *caráter coletivo*, superior à instância individual. E assim como o indivíduo não é apenas um ser singular e separado, mas também um *ser social*, do mesmo modo o espírito humano não é algo de isolado e totalmente individual, mas um fenômeno coletivo. E tal como certas funções sociais ou instintos se opõem aos interesses dos indivíduos particulares, da mesma maneira o espírito humano é dotado de certas funções ou tendências que, devido à sua natureza coletiva, se opõem aos conteúdos individuais[2]. Isso se deve ao fato do homem nascer com um cérebro altamente diferenciado, que o dota de uma ampla faixa de funções mentais possíveis; estas não foram adquiridas ontogeneticamente, nem foram por ele desenvolvidas. Na medida em que os cérebros

---

2. Tal conflito surge, por exemplo, quando se deve subordinar opiniões e desejos pessoais às leis sociais. Cf. ROUSSEAU, J.-J. *Émile*. I: *"Que faire [...] quand, au lieu d'élever un homme pour lui-même on veut l'élever pour les autres? Alors le concert est impossible. Forcé de combattre la nature ou les institutions sociales, il faut opter entre faire un homme ou un citoyen; car on ne peut faire à la fois l'un et l'autre".*

O eu e o inconsciente   141

humanos são uniformemente diferenciados, nessa mesma medida a
função mental possibilitada é coletiva e universal.

Assim é que se explica o fato de que os processos inconscientes
dos povos e raças mais afastados apresentem uma correspondência
impressionante que se manifesta, entre outras coisas, pelos temas e
formas mitológicas autóctones.

A semelhança universal dos cérebros determina a possibilidade
universal de uma função mental similar. Tal função é a psique coletiva, que se compõe de um espírito e uma alma coletivos[3]. Na medida
em que há diferenciações correspondentes à raça, tribo ou mesmo à
família também há uma psique coletiva limitada à raça, tribo e família,
acima do nível de uma psique coletiva "universal" mais profunda.
Empregando uma expressão de P. Janet, a psique coletiva compreende as *"parties inférieures"* das funções mentais, isto é, a parte solidamente fundada, herdada e que por assim dizer funciona automaticamente, sempre presente ao nível impessoal ou suprapessoal da psique
individual. Quanto ao consciente e inconsciente pessoais, podemos
dizer que constituem as *"parties supérieures"* das funções psíquicas,
em resumo, da parte adquirida e desenvolvida ontogeneticamente,
como diferenciação pessoal.

Por conseguinte, o indivíduo que incorporar *a priori* e inconscientemente a psique coletiva preexistente a seu próprio patrimônio
ontogenético, estenderá de modo ilegítimo os limites de sua personalidade, com as consequências correspondentes. Pelo fato da psique
coletiva compreender as *"parties inférieures"* das funções psíquicas,
constituindo a base da personalidade, poderá esmagar e desvalorizar
a personalidade; tal ocorrência se manifesta na perda da autoconfiança ou intensifica inconscientemente a importância do eu, levando-o eventualmente a uma patológica vontade de poder. Por outro
lado, na medida em que a psique coletiva é mais ampla que a personalidade, constituindo a terra mãe que permite as diferenciações pessoais e a função mental comum a todos os indivíduos, determinará,
se for associada à personalidade, uma hipertrofia da autoconsciência,
que por sua vez será compensada por um sentimento inconsciente de
aguda inferioridade. Através da análise do inconsciente pessoal o in-

---

3. Entenda-se por espírito coletivo o pensamento coletivo, e por psique coletiva a função coletiva em sua totalidade.

divíduo se torna consciente de coisas que, em geral, já conhecia nos outros, mas não em si mesmo. Mediante esse conhecimento ele se torna menos original e mais *coletivo*: seu aspecto coletivo é por assim dizer robustecido. Tal fato nem sempre é um "mal", podendo conduzir para o lado "bom". Há pessoas que reprimem suas boas qualidades e, conscientemente, dão livre curso a seus desejos infantis. A anulação das repressões pessoais traz à consciência, em primeiro lugar, conteúdos puramente pessoais; entretanto, já se acham aderidos a esses conteúdos elementos coletivos do inconsciente, os instintos gerais, qualidades e ideias (imagens) e todas aquelas frações "estatísticas" de virtudes ou vícios em sua proporção média. "Cada um tem em si algo de criminoso, de ladrão" etc., como se costuma dizer. Assim se compõe uma imagem viva, contendo tudo o que se move sobre o tabuleiro de xadrez do mundo: o bom e o mau. Pouco a pouco se estabelece, desse modo, em muitas naturezas um sentimento de solidariedade com o mundo que em determinados casos significa o momento decisivo da cura. Presenciei alguns casos de enfermos que conseguiram nesse momento inspirar e sentir amor pela primeira vez na vida; em outros casos, ousaram pular no desconhecido encontrando o destino que lhes convinha. E não foram poucos os que, tomando essa situação como definitiva, passaram anos de certa euforia empreendedora. Muitas vezes tais casos foram citados como exemplos brilhantes da terapêutica analítica. Ainda que eu seja um terapeuta, nunca exagerei os méritos dos resultados analíticos. Na época em que pratiquei o hipnotismo, constatei com horror a falsidade das indicações de livros famosos que tratavam do assunto. Resolvi então nunca mais praticá-lo. Devo acrescentar ainda que esses casos referentes a tipos psicologicamente eufóricos e empreendedores sofrem de uma tal falta de diferenciação frente ao mundo, que não se pode considerá-los verdadeiramente curados. Tais casos iluminam de um modo especial os outros, de que se faz alarde. Em minha opinião, esses indivíduos estão e não estão curados na mesma medida. Tive a oportunidade de acompanhar o desenvolvimento da vida dos "iluminados" e devo confessar que muitos dentre eles manifestavam sintomas de desadaptação. Quando persistiam no caminho escolhido, eram levados gradualmente à esterilidade e monotonia características dos "despojados do eu". Refiro-me naturalmente aqui a casos-limite e não aos menos significativos, normais ou médios, nos quais o problema de adaptação é de natureza mais técnica do que problemática. Se eu fosse mais

O eu e o inconsciente   143

terapeuta do que investigador, não poderia resistir a certo otimismo
de julgamento, uma vez que me deteria no número de curas. Mas meu
olhar de investigador não se detém apenas na quantidade, mas na qualidade humana. Infelizmente a natureza é aristocrática; uma pessoa de
valor vale por dez. Preocupei-me com homens de qualidade e, através
deles, compreendi como é ambíguo o resultado de uma análise meramente pessoal. Percebi também as razões desta ambiguidade.

Se através da assimilação do inconsciente incluirmos a psique coletiva no inventário das funções psíquicas pessoais, ocorrerá uma *dissolução da personalidade em seus pares antagônicos*. Além do par de
opostos já citado – mania de grandeza e sentimento de inferioridade –,
tão evidentes nas neuroses, há muitos outros, dentre os quais mencionarei o par de opostos de caráter especificamente moral, ou seja, o
bem e o mal. (*"Scientes bonum et malum!"*)[4]. Na psique coletiva se
abrigam todas as virtudes específicas e todos os vícios da humanidade
e todas as outras coisas. Alguns se apropriam da virtude coletiva
como de um mérito pessoal, outros encaram o vício coletivo como
uma culpa que lhes cabe. As duas posições são tão ilusórias quanto a
mania de grandeza e o sentimento de inferioridade. Tanto as virtudes
como as maldades imaginárias são pares de opostos de ordem moral
contidos na psique coletiva, que se tornaram perceptíveis ou foram
conscientizados artificialmente. Até que ponto esses pares de opostos
se revelam como conteúdos da psique coletiva, é-nos mostrado mediante o exemplo dos primitivos: enquanto um observador exalta suas
grandes virtudes, outro registra as piores impressões e isto no que diz
respeito à mesma tribo. Para os primitivos, cuja diferenciação pessoal
sabemos estar no início, as duas afirmações são verdadeiras; isto porque sua função mental é essencialmente coletiva. Eles se identificam
mais ou menos com a psique coletiva, possuindo assim todas as virtudes e todos os vícios, sem caráter pessoal e sem contradição interna.
A contradição só aparece quando começa o desenvolvimento pessoal
da psique e quando a razão descobre a natureza irreconciliável dos
opostos. A consequência desta descoberta é o conflito da repressão.
Queremos ser bons e, portanto, devemos reprimir o mal; e com isto o
paraíso da psique coletiva chega ao fim.

---

4. (Primeira versão. Eles seguem de mãos dadas, a dignidade própria aumentada ou di-
minuída.)

A repressão da psique coletiva[5] foi uma condição necessária para o desenvolvimento da personalidade[6]. O desenvolvimento da personalidade entre os primitivos, ou melhor, o desenvolvimento da *pessoa* é uma questão de *prestígio mágico*. A figura do feiticeiro e a do chefe da tribo são significativas. Ambos se distinguem pela singularidade de seus ornamentos, que exprimem o caráter de um e de outro. A peculiaridade de sua aparência externa os separa dos demais e tal segregação é reforçada ainda pela posse de segredos rituais. Por estes e outros meios, o primitivo cria um invólucro que o cerca, que pode ser designado como *persona* (máscara). Como sabemos, os primitivos utilizam máscaras na cerimônia do totem, a fim de exaltar a personalidade. Desta forma o indivíduo favorecido é aparentemente afastado da esfera da psique coletiva e, na medida em que consegue identificar-se com sua *persona*, é realmente afastado. Tal afastamento significa prestígio mágico. Pode-se dizer naturalmente que o motivo determinante deste processo é a vontade de poder. Mas com isto esquecemos que a formação do prestígio é sempre um produto do compromisso coletivo: não só deve haver alguém que deseje o prestígio, como um público que procure alguém para prestigiar. Assim sendo, seria inexato dizer que alguém adquire prestígio devido à sua vontade de poder individual; trata-se, muito mais, de uma questão coletiva. Quando a sociedade, como conjunto, necessita de uma figura que atue magicamente, serve-se da *vontade de poder* do possível portador do símbolo e da *vontade de submissão* dos demais, como *veículo*, possibilitando assim a criação do prestígio pessoal. Este último é um fenômeno da maior impor-

---

5. (Primeira versão. [...] na medida em que ela for conscientizada...)

6. (Primeira versão. [...] pois a psicologia coletiva e a psicologia pessoal se excluem num certo sentido. Quando algo alcança uma determinada posição psicológica de valor coletivo, na história do espírito, então começa o processo cismático. Na história das religiões tal fato pode ser comprovado mais claramente do que em qualquer outro domínio. Uma posição coletiva é sempre ameaçadora para o indivíduo, mesmo que represente uma necessidade. É ameaçadora porque sufoca com muita facilidade a diferenciação pessoal. Tal faculdade é outorgada pela psique coletiva, que nada mais é do que o produto da diferenciação psicológica do poderoso instinto gregário no homem. O pensamento e sentimento coletivos, assim como a realização coletiva, são relativamente fáceis se comparados à função e realização individuais; disso resulta um perigo para o desenvolvimento da personalidade: seu achatamento na função coletiva. Como sempre, na psicologia, a personalidade é lesada ao aliar-se à psique coletiva mediante um nexo e identidade inconscientes e incoercíveis.)

O eu e o inconsciente 145

tância para a vida coletiva dos povos. O prestígio pessoal não perdeu o seu significado como fator de desenvolvimento social.

A importância do prestígio pessoal determina a possibilidade de uma dissolução regressiva na psique coletiva, representando por isso um perigo, não só para o indivíduo favorecido, como também para seus seguidores. Tal possibilidade se torna iminente quando a meta do prestígio – o reconhecimento geral – for alcançada. A pessoa se torna então uma verdade coletiva. E isto é sempre o começo do fim. Obter um prestígio é uma realização positiva, não só para o indivíduo favorecido como também para o seu clã. O primeiro se destaca por suas ações e os outros pela abdicação do poder. Enquanto esta atitude requer luta contra as influências contrárias do ambiente, o resultado é positivo; mas quando não houver mais obstáculos e o reconhecimento geral for atingido, o prestígio perde seu valor primitivo, transformando-se em geral em *caput mortuum*. Inicia-se então um movimento cismático e todo o processo recomeça.

Como a personalidade é de extrema importância para a vida da comunidade, tudo quanto perturbar seu desenvolvimento é sentido como um perigo; entretanto, o maior perigo reside na dissolução prematura do prestígio, através de uma invasão do inconsciente coletivo. O segredo absoluto é um dos meios mais primitivos e o melhor para exorcizar este perigo. O pensamento, sentimento e esforço coletivos são relativamente mais fáceis do que a função e esforço individuais; daí a grande tentação de substituir a diferenciação individual da personalidade pela função coletiva. Depois de a personalidade ter sido diferenciada e protegida por um prestígio mágico, seu rebaixamento ou eventual dissolução na psique coletiva (como a negação de Pedro) ocasiona uma "perda da alma", porque uma realização pessoal importante foi negligenciada, ou então o indivíduo sucumbiu à regressão. Por isso as infrações do tabu são punidas muitas vezes de um modo draconiano, correspondente à seriedade da situação. Se considerarmos estes fatos apenas do ponto de vista causal ou como simples resíduos ou metástases históricos do tabu do incesto, não compreenderemos de forma alguma a significação de tais medidas. Mas se nos aproximarmos do problema do ponto de vista teleológico, muita coisa aparentemente obscura tornar-se-á clara.

Assim, pois, o desenvolvimento da personalidade exige sua diferenciação da psique coletiva, porquanto a ocorrência de uma diferenciação parcial ou confusa produziria imediatamente uma fusão do individual no coletivo.

Há ainda o perigo de que na análise do inconsciente a psique coletiva e a psicologia pessoal se confundam, o que acarretaria consequências desagradáveis, como já vimos. Tais consequências são nocivas tanto para os sentimentos vitais do paciente, como para seus semelhantes, no caso do primeiro exercer qualquer influência sobre seu ambiente. Em sua identificação com a psique coletiva, ele tentará impor aos outros as exigências do seu inconsciente, uma vez que esse tipo de identificação acarreta um sentimento de validez geral ("semelhança a Deus"). Em tal eventualidade, ignorará por completo as diferenças da psicologia pessoal dos demais. [Uma atitude coletiva pressupõe naturalmente esta mesma psicologia coletiva nos outros, mesmo que ela não o seja. Isto significa, porém, um menosprezo implacável frente às diferenças individuais, sem falar nas diferenças de caráter típico, que são inerentes à psique coletiva. Tal desprezo pela individualidade significa a asfixia do ser individual, em consequência da qual o elemento de diferenciação é suprimido na comunidade. O elemento de diferenciação é o indivíduo. As mais altas realizações da virtude, assim como os maiores crimes são individuais. Quanto maior for a comunidade e quanto mais a soma dos fatores coletivos, peculiar a toda grande comunidade, repousar sobre preconceitos conservadores, em detrimento da individualidade, tanto mais o indivíduo será moral e espiritualmente esmagado. O resultado disto é a obstrução da única fonte do progresso moral e espiritual da sociedade. Nestas condições só poderão prosperar a socialidade e o que é coletivo no indivíduo. Tudo o que nele for individual submerge, isto é, está condenado à repressão: os elementos individuais caem no inconsciente onde, geralmente, se transformam em algo de essencialmente pernicioso, destrutivo e anárquico. No aspecto social, este princípio negativo se manifesta através de crimes espetaculares perpetrados por indivíduos de predisposição profética; mas na maioria dos casos permanece no fundo, revelando-se indiretamente na degenerescência moral inexorável da sociedade. É um fato digno de nota que a moralidade da sociedade, como um todo, está na razão inversa do seu tamanho; quanto maior for o agregado de indivíduos, tanto maior será a adição de fatores coletivos e a obliteração dos fatores individuais. E a moralidade, que está baseada no sentido moral e no mérito do indivíduo também se estiola. Portanto, qualquer indivíduo é pior em so-

O eu e o inconsciente   147

ciedade do que quando atua por si só. Um grupo numeroso, ainda que composto de indivíduos decentes, equivale no tocante à moralidade e inteligência a um animal violento, estúpido e primitivo, e não a uma reunião de homens. Quanto maior for a organização, mais duvidosa será sua moralidade e mais cega sua estupidez. A sociedade, acentuando automaticamente as qualidades coletivas de seus indivíduos representativos, premia a mediocridade e tudo o que se dispõe a vegetar num caminho fácil e imoral. As personalidades individualizadas e diferenciadas são arrancadas pela raiz. Tal processo se inicia na escola, continua na universidade e predomina em todos os setores dirigidos pelo Estado.

Quando o corpo social é mais restrito, a individualidade de seus membros é mais protegida: sua liberdade será maior e, portanto, maior será a sua moralidade. Sem liberdade não pode haver moralidade. A admiração que sentimos pelas grandes organizações vacilará se nos inteirarmos do "outro lado" de tais maravilhas: o tremendo acúmulo e intensificação de tudo que é primitivo no homem, além da inconfessável destruição de sua individualidade, em proveito do monstro disfarçado que é toda a grande organização. O homem de hoje, que se volta para o ideal coletivo, faz de seu coração um antro de criminosos, sem excetuar a Igreja. Isto pode ser facilmente verificado pela análise do inconsciente de seus componentes, ainda que este não os perturbe. Na medida em que o indivíduo for "adaptado" normalmente a seu ambiente, nem mesmo a maior infâmia de seu grupo o perturbará, contanto que a maioria dos companheiros esteja convencida da alta moralidade de sua organização social. Há também o caso dos neuróticos, que reagem, não porque a sociedade tenha se tornado monstruosa – isto geralmente os deixa indiferentes –, mas porque não suportam o mesmo conflito dentro de si mesmos. Por isso para chegar a uma solução do seu conflito, o neurótico deve, antes de tudo, reduzir suas opiniões coletivas.]

Os mais graves mal-entendidos em relação a isto podem ser removidos através de uma clara compreensão e apreciação das circunstâncias: há diversos tipos psicológicos orientados diferentemente, que não devemos forçar segundo o esquema do nosso próprio tipo. É quase impossível que um tipo se assemelhe totalmente a outro e completamente impossível que alguém compreenda perfeitamente outra individualidade. *O respeito à individualidade do outro* é, portanto, não só aconselhável, mas exigido no processo da análise, se não se quiser sufocar o desenvolvimento da personalidade do outro.

É preciso, pois, prestar atenção no tocante à inter-relação de dois tipos: se o primeiro, por exemplo, permite a liberdade de ação do segundo e se este acata a liberdade de pensamento do primeiro. Na análise, ambos devem ser facultados, uma vez que o analista pode ajuizar a base de sua própria postura. Mas um excesso de compreensão ou zelo explicativo é tão nocivo e prejudicial quanto a falta de compreensão.

Os instintos coletivos, as formas fundamentais do pensamento e sentimento humanos, cuja atividade é revelada pela análise do inconsciente, representam uma aquisição que a personalidade consciente não pode assimilar completamente sem um transtorno considerável[7].

---

7. Devo ressaltar aqui que me abstenho intencionalmente de discutir o nosso problema, tal como se colocaria sob o ponto de vista da psicologia dos tipos. Seria necessário para isso um exame particular e complexo, no sentido de encontrar uma formulação adequada na linguagem dos tipos psicológicos. A palavra "pessoa" não tem o mesmo significado ao tratar-se de um extrovertido ou de um introvertido. Limito-me a indicar as dificuldades que tal tarefa comporta. Durante a infância, a função de adaptação à realidade, às vezes consciente, de um determinado tipo, pode ser arcaica e coletiva, logo adquirindo um caráter *pessoal*; este fato levará, talvez, o indivíduo a manter-se sempre assim, sem que sinta, por exemplo, o impulso de desenvolver seu tipo em relação ao que seria ideal para ele. Nesse caso, porém, a função de adaptação à realidade adquire tal plenitude que pode reivindicar uma validez universal, ganhando com isso um caráter *coletivístico*, em oposição ao seu caráter coletivo originário. Segundo essa expressão, a psique coletiva seria idêntica à "psicologia de massa" no indivíduo e a psicologia *coletivística* representaria, então, uma posição extremamente diferenciada no que concerne à sociedade. No introvertido, porém, a função de adaptação à realidade é o pensamento, que nos primeiros degraus do desenvolvimento é pessoal, com a tendência de adquirir um caráter universal, de natureza coletivística. Quanto ao seu sentimento, permanece puramente pessoal, na medida em que é consciente e coletivo-arcaico, e na medida em que permanece inconsciente ou submetido à repressão. Ocorre o contrário em relação ao sentimento e pensamento do extrovertido. Além desta diferença, há outra muito mais profunda no que concerne ao papel e significado da "pessoa", tão diferentes no extrovertido e no introvertido. No introvertido trata-se de um esforço para manter a integridade do *eu*, o que o faz adotar em relação à própria personalidade uma atitude muito diversa da que é adotada pelo extrovertido; a atitude deste último em relação a si mesmo é baseada no sentimento, mesmo em detrimento de sua pessoa. Tais observações indicam dificuldades extraordinárias que deve-

O eu e o inconsciente 149

Por isso, no tratamento prático, é da maior importância ter em mente o desenvolvimento individual. Se a psique coletiva for tomada como um patrimônio ou lastro do indivíduo, disso resultará uma distorção ou sobrecarga da personalidade, difícil de dominar. Por conseguinte é absolutamente necessário distinguir claramente os conteúdos pessoais dos conteúdos da psique coletiva. Tal distinção não é fácil, uma vez que o elemento pessoal procede da psique coletiva, à qual está intimamente ligado. Assim, pois, é difícil dizer exatamente quais são os materiais coletivos e quais os pessoais. Indubitavelmente, todo o simbolismo arcaico usualmente encontrado nas fantasias e sonhos representa fatores coletivos. Todos os instintos básicos e formas fundamentais do pensamento e do sentimento são coletivos. Tudo o que os homens concordam em considerar como geral é coletivo, sendo também coletivo o que todos compreendem, dizem e fazem, tudo o que existe. Observando com atenção, sempre nos admiramos com o que há de coletivo na nossa assim chamada psicologia individual. É de tal ordem, que o indivíduo pode desaparecer por completo atrás desse aspecto. Entretanto, como a individuação é uma exigência psicológica imprescindível, a força superior do coletivo nos indica a atenção especialíssima que devemos prestar à delicada planta da "individualidade", se quisermos evitar que seja totalmente sufocada pelo coletivo.

O homem possui uma faculdade muito valiosa para os propósitos coletivos, mas extremamente nociva para a individuação: sua tendência à *imitação*. A psicologia coletiva não pode prescindir da imitação, pois sem ela seriam simplesmente impossíveis as organizações de massa, o Estado e a ordem social. A base da ordem social não é a lei, mas a imitação, este último conceito abarcando também a sugestionabilidade, a sugestão e o contágio mental.

---

ríamos ultrapassar, se intentássemos considerar o nosso problema sob o ponto de vista da psicologia dos tipos. É compreensível, portanto, que nos abstenhamos de fazê-lo.

(Este tema foi consideravelmente desenvolvido pelo autor em seu livro *Tipos psicológicos* onde, através de uma reelaboração fundamental dos materiais, é estabelecida uma identificação do introvertido com o tipo-pensamento, e do extrovertido com o tipo-sentimento. Cf. *Tipos psicológicos*. Op. cit. Definições, sv. "Tipo".)

Podemos constatar diariamente como se usa e abusa do mecanismo da imitação, com o intuito de chegar-se a uma diferenciação pessoal: macaqueia-se alguma personalidade eminente, alguma característica ou atividade marcante, obtendo-se assim uma diferenciação externa, relativamente ao ambiente circundante. Poder-se-ia quase dizer que então, como que por castigo, intensifica-se a semelhança com a psicologia do ambiente, a ponto de chegar-se a uma ligação compulsiva inconsciente com a mesma. Em geral, esta imitação adulterada da diferenciação individual se enrijece numa "posse" e o indivíduo permanece no mesmo nível que antes; mas sua esterilidade ter-se-á intensificado de alguns graus.

Para descobrirmos o que é autenticamente individual em nós mesmos, torna-se necessária uma profunda reflexão; a primeira coisa a ser constatada é quão difícil se mostra a descoberta da própria individualidade.

3. A persona como segmento da psique coletiva

Neste capítulo abordaremos um problema que, se negligenciado, causará a maior confusão.

Mencionei antes que na análise do inconsciente a primeira coisa a ser acrescentada à consciência é constituída pela parte do inconsciente que poderíamos chamar de *inconsciente pessoal*. Mostrei também que através da anexação das camadas mais profundas do inconsciente, para as quais propus o nome de *inconsciente coletivo*, se produz uma ampliação da personalidade que pode levar ao estado de "semelhança a Deus". Tal estado ocorre mediante o mero prosseguimento do trabalho analítico, através do qual são devolvidas à consciência partes reprimidas da personalidade. Continuando a análise, acrescentamos à consciência pessoal certas qualidades básicas e impessoais da humanidade, fato este que provoca uma ampliação, à qual já nos referimos, que pode ser encarada como uma consequência desagradável da análise.

A personalidade consciente nos parece um segmento mais ou menos arbitrário da psique coletiva. Ela resulta do desconhecimento *a priori* de fatores humanos fundamentais, da repressão mais ou me-

O eu e o inconsciente 151

nos involuntária de uma série de elementos psíquicos e característicos que poderiam ser conscientes, e cuja finalidade é estabelecer aquele segmento da psique coletiva a que demos o nome de *persona*. A palavra *persona* é realmente uma expressão muito apropriada, porquanto designava originalmente a *máscara* usada pelo ator, assinalando o papel que este ia desempenhar na peça. Se tentarmos estabelecer uma distinção exata entre o material psíquico consciente e inconsciente, logo nos encontraremos diante do maior dilema: no fundo, teremos de admitir que as afirmações acerca do inconsciente impessoal são coletivas. Acontece, porém, que, sendo a *persona* um recorte mais ou menos arbitrário e acidental da psique coletiva, cometeríamos um erro se a considerássemos *in totum* como algo de individual. Como seu nome revela, ela é uma simples máscara da psique coletiva, *máscara que aparenta uma individualidade*, procurando convencer aos outros e a si mesma que é individual, quando na realidade não passa de um papel ou desempenho através do qual fala a psique coletiva.

Ao analisarmos a *persona*, dissolvemos a máscara e descobrimos que, aparentando ser individual ela é no fundo coletiva. Deste modo surpreendemos "a pequena divindade humana" em sua origem, o Deus geral personificado pela psique coletiva. Por fim, com espanto, percebemos que a *persona* não é mais que a máscara da psique coletiva[1]. [No fundo a *persona* nada tem de "real". Ela é um compromisso entre o indivíduo e a sociedade acerca daquilo que "alguém parece ser": nome, título, função e isto ou aquilo. De certo modo, tais dados são reais; mas, em relação à individualidade essencial da pessoa, representam algo de secundário, apenas uma imagem de compromisso na qual os outros podem ter uma quota maior do que a do indivíduo em questão. O sortilégio do nome e outras pequenas vantagens "má-

---

1. (Primeira versão. Se, de acordo com Freud, reduzirmos o instinto fundamental à sexualidade, ou, segundo Adler, à vontade de poder elementar do *eu*, ou ainda ao princípio geral da psique coletiva, que compreende tanto o princípio de Freud quanto o de Adler, chegaremos ao mesmo resultado: à dissolução da personalidade no coletivo. Por isso, em toda análise suficientemente conduzida realizar-se-á o estado mencionado de "semelhança a Deus".)

gicas", tais como títulos ou coisas parecidas, emprestam o necessário prestígio para a viabilidade deste compromisso.

Seria porém incorreto encerrar o assunto sem reconhecer que subjaz algo de individual na escolha e na definição da *persona*; embora a consciência do *eu* possa identificar-se com ela de modo exclusivo, o *si mesmo* inconsciente, a verdadeira individualidade não deixa de estar sempre presente, fazendo-se sentir de forma indireta. Assim, apesar do *eu* consciente identificar-se com a *persona* – essa figura de compromisso que aparentamos diante da coletividade –, o *si mesmo* inconsciente não pode ser reprimido a ponto de tornar-se imperceptível. Sua influência se manifesta principalmente nas manifestações contrastantes e compensadoras do inconsciente. A atitude meramente pessoal da consciência produz neste caso reações da parte do inconsciente e estas, juntamente com as repressões sociais, contêm as sementes do desenvolvimento individual inerentes às fantasias coletivas. Mediante a análise do inconsciente pessoal, o material coletivo juntamente com os elementos da individualidade são conscientizados. Uma vez abolidas as repressões de ordem pessoal, a individualidade e a psique coletiva começam a emergir, fundidas uma na outra, liberando as fantasias pessoais até então reprimidas. Aparecem sonhos e fantasias, que se revestem de um aspecto diferente. Não poderia, entretanto, dizer em que consistem essas diferenças, mas é possível reconhecê-las pela fenomenologia das mesmas. Posso fornecer até agora apenas uma característica infalível: seu caráter "cósmico". As imagens de sonhos e fantasias são associadas a qualidades cósmicas, tais como tempo e espaço infinitos, a enorme velocidade e a extensão dos movimentos, conexões "astrológicas", analogias telúricas, lunares e solares etc. O aparecimento evidente de elementos cósmicos indica a situação daquilo que chamamos "semelhança a Deus".] Esta circunstância é anunciada muitas vezes por sintomas peculiares: sonhos em que se voa através do espaço, a modo de um cometa, ou se tem a impressão de ser a terra, o sol ou uma estrela; ora se é extraordinariamente grande ou extraordinariamente pequeno, ou então, como um morto, chega-se a um lugar estranho, num estado de alheamento, confusão, loucura etc. Pode-se também experimentar sentimentos de ordem corporal, por exemplo, que se é enorme, gordo demais; ocorrem também sentimentos hipnagógicos, de submersões ou

O eu e o inconsciente 153

ascensões infinitas, inflação corporal ou vertigem. Psicologicamente,
esta situação é caracterizada por uma falta de critério acerca da própria personalidade ou sobre aquilo que realmente se é; ou então a
pessoa se sente particularmente segura em relação àquilo que aparentemente se tornou. Muitas vezes manifesta a intolerância, o dogmatismo, uma opinião exagerada ou depreciativa de si mesma, desprezo
ou subestima pelas pessoas "não analisadas", assim como por suas
opiniões e ações. A riqueza de possibilidades da psique coletiva confunde e também ofusca. Com a dissolução da *persona* desencadeia-se
a fantasia, que aparentemente não é mais do que a atividade específica da psique coletiva. A irrupção destas fantasias traz à tona da consciência materiais e estímulos de cuja existência nada se pressentia[2].
Não é fácil resistir sempre a esta impressão[3]. [Subjetivamente as coisas se processam muitas vezes de modo diferente: ou não se percebe
qualquer irrupção do inconsciente coletivo, ou se isso ocorrer, é experimentado de maneira positiva. Em ambos os casos, o homem é
como que movido sobre um tabuleiro de xadrez, como qualquer outra peça, quando não consegue restabelecer a *persona* anterior, apoiando-se na normalidade e reprimindo com isso seu desenvolvimento
subsequente. Trataremos pormenorizadamente de tal dilema mais a-
diante. É inevitável mergulhar neste processo em todos os casos em
que houver a necessidade, para o paciente, de desenvolver sua personalidade além das dificuldades momentâneas de adaptação e sua remoção. Convém ressaltar que, obviamente, nem sempre é necessário
o desenvolvimento do caráter, porquanto talvez na maioria dos casos
de análise devam ser consideradas de imediato apenas as dificuldades
temporárias a serem removidas. Os casos graves, no entanto, não podem ser curados sem uma profunda "mudança de caráter". Na maioria dos casos, a adaptação à realidade exige tanto trabalho, aliás, um
trabalho indispensável, que a adaptação interior, voltada para o inconsciente coletivo, só pode ser empreendida a longo prazo. No entanto, quando a adaptação interior se torna um problema, provém
do inconsciente uma força singular e irresistível, que desvia a direção

---

2. (Primeira versão. Abre-se a total profusão de pensamentos e sentimentos mitológicos.)
3. (Primeira versão. Este estágio constitui o verdadeiro perigo da análise, o qual não
deve ser silenciado.)

consciente da vida. A influência, por parte do inconsciente, pode manifestar-se sob a forma de uma recaída na neurose, sob a forma de uma "semelhança a Deus" positiva ou negativa, como já foi dito; ou de outras formas que podem ser reduzidas à fórmula fundamental da "semelhança a Deus", e que se caracterizam por uma desorientação relativa à posição da individualidade.]

É este um estado ao qual se deve pôr fim o mais depressa possível, pois é muito grande sua analogia com um desequilíbrio psíquico. A essência da maioria dos desequilíbrios psíquicos não orgânicos se caracteriza pelo fato de que a função do consciente é reprimida e substituída em grande parte pelo inconsciente. A função da realidade é usurpada pelo inconsciente, que toma o valor de realidade. Os pensamentos inconscientes soam como vozes, tornam-se plásticos como visões, perceptíveis como alucinações corpóreas, ou então se transformam em ideias fixas de natureza demente, prevalecendo sobre a realidade.

De modo semelhante, mas não idêntico, o inconsciente é deslocado para o consciente, através da dissolução da *persona* na psique coletiva. A diferença relativa à perturbação psíquica reside no fato de se poder liberar o inconsciente por meio da análise consciente; pelo menos é assim no início da análise, quando as fortes resistências culturais contra o inconsciente ainda devem ser superadas. Mais tarde, depois da remoção de barreiras antiquíssimas, o inconsciente costuma manifestar-se com maior espontaneidade, até mesmo jorrando, às vezes, por assim dizer, no consciente. Nesse estágio é grande a analogia com uma perturbação do equilíbrio psíquico [como, por exemplo, os momentos de inspiração que, no gênio, têm uma semelhança pronunciada com estados patológicos]. Só se pode falar numa verdadeira doença mental quando o conteúdo do inconsciente toma o *lugar da realidade consciente*[4]. [Podemos até mesmo acreditar nos conteúdos do inconsciente, sem que se possa falar propriamente de perturbação mental, ainda que sejam empreendidas ações inadequadas, baseadas nessas convicções. A demência paranoide, por exemplo, não depende da credibilidade, uma vez que se apresenta a priori

---

4. (Primeira versão. [...] Em outras palavras, quando os conteúdos do inconsciente são aceitos irrestritamente.)

O eu e o inconsciente   155

como verdade, não necessitando que alguém acredite para existir eficaz e validamente. No nosso caso, a questão fica em aberto: o que prevalecerá, a credibilidade ou a crítica. Uma perturbação mental propriamente dita não conhece tal alternativa.]

4. Tentativas de libertar a individualidade da psique coletiva

a) Restabelecimento regressivo da persona

Sendo insustentável a identificação com a psique coletiva impõe-se, como já foi dito, uma solução radical.

Há dois caminhos que levam à dissolução do "estado de semelhança a Deus": o primeiro é a possibilidade de tentar restabelecer regressivamente a *persona* anterior, visando sujeitar o inconsciente através de uma teoria redutora; por exemplo, considerando-o "nada mais do que" uma manifestação da sexualidade infantil reprimida. A função sexual normal substituí-lo-ia então vantajosamente. Tal explicação se apoia no inegável simbolismo sexual da linguagem do inconsciente e na interpretação concreta da mesma. Outra teoria invocada seria a da vontade de poder, na qual se considera o "estado de semelhança a Deus" como um "protesto masculino" e como um desejo infantil de poder e necessidade de segurança; esta hipótese se apoiaria na inegável vontade de poder que o material inconsciente traz consigo. Poder-se-ia ainda explicar o inconsciente à base da psicologia coletiva arcaica dos primitivos, que explicaria não apenas o simbolismo sexual e a vontade de poder manifestada no "estado de semelhança a Deus", mas também satisfariam as tendências e aspectos religiosos, filosóficos e mitológicos dos conteúdos inconscientes.

A conclusão é a mesma em todos os casos citados; trata-se invariavelmente de repudiar o inconsciente como algo de inútil, infantil, carente de sentido, absurdo e obsoleto. Não há mais nada a fazer senão dar de ombros, negar-lhe o valor e resignar-se. Se o indivíduo quiser voltar a uma vida razoável deverá reconstituir, da melhor maneira possível, o segmento da psique coletiva a que chamamos *persona*, silenciar os acontecimentos da análise, deixando-os de lado e se possível esquecer que possui um inconsciente. Poderá ater-se às palavras do "Fausto" de Goethe:

> "Conheço demasiadamente o círculo da terra,
> O mais além é vedado ao nosso olhar;
> Tolo! Quem para lá dirige os olhos ofuscados
> Inventa seu duplo nos abismos do ar!
> Decida-se aqui e não se perca além;
> Para o homem bom o mundo tem finalidade
> Sem que se perca em vão na eternidade!
> O que distingue, bem pode dominar.
> Deixá-lo seguir ao longo dos terrestres dias;
> Que os fantasmas assombrem, segue sua via,
> Ao caminhar encontra a dor e o contentamento,
> Mas ai! para sempre o eterno descontente."

Tal solução seria perfeita se o homem pudesse desembaraçar-se por completo do inconsciente, privando-o de sua libido, de forma a torná-lo inativo; mas como a experiência mostra não se pode privar o inconsciente de sua energia, ele continua atuante; não só contém a libido, mas é sua fonte mesma, a partir da qual fluem os elementos psíquicos originários, os pensamentos de tonalidade afetiva ou os sentimentos de tonalidade reflexiva e todos os germes indiferenciados das possibilidades formais e dos sentimentos. Seria, portanto, ilusório acreditar que através de alguma teoria ou método mágico poder-se-ia esgotar a libido do inconsciente, eliminando este último. Talvez uma ilusão deste tipo durasse algum tempo, até chegar a hora em que seria inevitável dizer, como Fausto:

> "Tantos espectros se apinham no ar,
> Como e para onde escapar?
> Antes vem e sorri a manhã racional,
> Depois tece a noite seu sonho infernal.
> Ao voltarmos alegres dos campos arados
> Grasna uma ave. Que disse ao grasnar?
> Desgraça, sugere a superstição:
> Tem forma e se mostra e traz maldição.
> Com medo ouvimos a porta estalar,
> Estamos sozinhos; ninguém vai entrar...

Quem está aí?
Inquietação: A pergunta exige o sim!
Fausto : E tu, quem és?
Inquietação: Estou aqui.
Fausto : Afasta-te!
Inquietação: Estou no meu lugar.

....

Se o ouvido em mim se fechar,
No coração o medo vai medrar;
A cada hora mudo a forma do meu ser
E assim exerço meu despótico poder."

Não é fácil analisar o inconsciente e portanto situá-lo. Ninguém lhe arranca a força atuante por muito tempo. Tentar fazê-lo é iludir-se, é reeditar o habitual processo de repressão. [Mefistófeles deixa uma possibilidade aberta, que não se deve negligenciar, pois ela corresponde a uma realidade. Ele diz a Fausto a quem repugna "a loucura da magia" e que de bom grado renunciaria à cozinha das bruxas:

"Pois bem, eis o caminho mestre
Sem médico, dinheiro ou bruxaria:
Retorna à vida campestre
Cava e lavra descuidado
Conserva-te e à tua mente
Num círculo bem limitado
Come da terra somente;
Animal entre animais, esterca
O campo que cultivares."

Quem tiver verdadeiramente a possibilidade de viver tal vida não correrá jamais o risco de naufragar em outras possibilidades, uma vez que sua natureza não o incita a um problema que ultrapassa sua capacidade de apreensão. Mas se ele deparar com o grande problema, não terá nem mesmo aquela saída.

b) A identificação com a psique coletiva

O segundo caminho é o da identificação com a psique coletiva. Ele equivale a aceitar o estado de "semelhança a Deus", exaltado agora como um sistema. Em outras palavras, o indivíduo é o feliz possuidor da grande verdade, que ainda estava à espera de ser descoberta, o senhor do conhecimento escatológico para a salvação das nações. Tal atitude não implica a megalomania em sua forma direta, mas sim na forma atenuada e conhecida do profeta e mártir. As mentes fracas correm o risco de sucumbir a esta tentação, porque se caracterizam geralmente por uma boa dose de ambição, amor-próprio e ingenuidade descabida. Abrir a passagem da psique coletiva significa uma renovação de vida para o indivíduo, quer seja agradável ou desagradável. Todos querem agarrar-se a esta renovação: uns, porque assim aumentam sua sensação de vida, outros, porque veem nisso a promessa de um conhecimento mais amplo. Por conseguinte ambos, se não quiserem renunciar aos grandes valores enterrados na psique coletiva, deverão lutar de um modo ou de outro, a fim de manter a ligação recém-descoberta com os fundamentos originários da vida*. A identificação parece ser o caminho mais curto, pois a dissolução da *persona* na psique coletiva é um convite formal para as bodas com este "mar da divindade", apagando-se toda memória nesse amplexo. Este traço de misticismo é característico dos melhores indivíduos e é tão inato em cada qual como a "nostalgia da mãe", nostalgia da fonte da qual provimos.

Como já mostramos anteriormente, há na raiz da nostalgia regressiva, concebida por Freud como uma "fixação infantil" ou "desejo incestuoso", um valor e uma necessidade especiais. Tal fato se revela com clareza nos mitos em que o herói é o melhor e o mais forte dentre os homens de seu povo; é ele que segue essa nostalgia regressiva, expondo-se deliberadamente ao perigo de ser devorado pelo monstro do abismo materno. Mas é herói, afinal de contas, justamente porque não é devorado, vencendo o monstro, não uma, porém muitas vezes. A vitória sobre a psique coletiva, e só ela, confere o verdadeiro valor, a captura do tesouro oculto, da arma invencível, do ta-

---

* Devo lembrar aqui uma interessante observação de Kant; em suas *Vorlesungen Über Psychologie* (Leipzig: [s.e.], 1889), ele menciona "um tesouro escondido no campo, de obscuras representações, e que constitui o abismo profundo dos conhecimentos humanos que não podemos alcançar". Tal tesouro representa, como indiquei no meu trabalho acerca da libido, a soma das imagens originárias, nas quais a libido se aplica, ou através das quais ela se exprime.

O eu e o inconsciente 159

lismã mágico ou daquilo que o mito determina como o mais desejável. Assim, pois, o indivíduo que identificar-se com a psique coletiva ou, em termos do mito, que for devorado pelo monstro, nele desaparecendo, estará perto do tesouro guardado pelo dragão, mas involuntariamente e para seu próprio mal.

Esta opinião se afigura como a única válida para o homem contemporâneo, que sente e pensa dentro dos moldes científicos; isto não se verifica, porém, em relação aos assim chamados homens cultos, cujo número é extraordinariamente grande e que não concebem o cientificismo como um princípio da ética do pensar superior ao seu próprio espírito; a ciência, para eles, é apenas um meio que apoia os dados da experiência interior, proporcionando-lhes uma validez geral. Ninguém que se dedique à psicologia pode dissimular que ao lado de um número relativamente limitado dos que cultuam o cientificismo ou o tecnicismo, pululam na humanidade os representantes de um princípio inteiramente diverso. Estamos diante de um traço característico da nossa cultura atual quando, por exemplo, sob a rubrica da "Astrologia" de um dicionário de conversação podemos ler o seguinte: "Um de seus últimos adeptos foi I.W. Pfaff, cujos livros: *Astrologia* (Bamberg, 1816) e *A estrela dos três sábios* (Bamberg, 1821) devem ser considerados como raros anacronismos. No Oriente, porém, principalmente na Pérsia, Índia e China, a astrologia é tida, ainda hoje, em grande conta". É preciso ser cego para escrever atualmente uma coisa dessas. Na realidade a astrologia floresce hoje como sempre. Há uma biblioteca conceituada de livros e revistas de astrologia que são muito mais procurados do que as melhores obras científicas. Os europeus e americanos que solicitam horóscopos não se contam aos milhares, mas aos milhões. A astrologia é uma ocupação florescente. O Dicionário de Conversação diz ainda: "o poeta Dryden (†1701) mandou fazer o horóscopo de seus filhos". Na realidade, a *Christian Science* inunda a América e a Europa. Centenas de milhares de pessoas, deste e do outro lado do oceano, são adeptos ferrenhos da Teosofia e da Antroposofia. Quem pensar que os rosa-cruzes são uma lenda do passado vê-los-ia ainda hoje vivos como outrora, se tivesse os olhos abertos. A magia popular e as ciências ocultas também não morreram. Não se acredite, porém, que só a ralé está ligada a essas superstições. Todo mundo sabe que é preciso subir muito para encontrar os representantes do outro princípio.

Quem se interessar pela verdadeira psicologia humana deve considerar tais fatos. Se uma porcentagem tão grande do povo sente a necessidade inextinguível desse polo oposto ao espírito científico, então podemos estar certos de que a psique coletiva em todo indivíduo – por mais que se incline para a ciência – possui na mesma medida esta exigência psicológica. Certo ceticismo e criticismo "científico" da nossa época não são mais do que compensações frustradas do impulso supersticioso, forte e profundamente enraizado na psique coletiva. Já presenciamos a sujeição total de cabeças excessivamente críticas a essa exigência da psique coletiva, seja direta, seja indiretamente, ao transformarem sua teoria científica particular num fetiche.

Assim sendo, o perigo da sujeição à psique coletiva, mediante o processo da identificação, não é pequeno. Quando ocorre a identificação, dá-se um retrocesso, cria-se um disparate a mais e, além de tudo, trai-se o princípio da individuação sob a máscara da ação individual, na névoa da presunção de que se descobriu o seu ser mais profundo. Na realidade, não se descobriu o seu ser mais profundo, mas sim as eternas verdades e erros da psique coletiva. Na psique coletiva perde-se justamente de vista o seu ser mais profundo.]

Por isso, a identificação com a psique coletiva é um fracasso, que termina de forma tão lamentável como no primeiro caminho, que separa a *persona* da psique coletiva.

5. Princípios fundamentais para o tratamento da identificação com o coletivo

Para resolver o problema de como livrar o indivíduo da identificação com a psique coletiva no tratamento prático, devemos perceber quais são os erros dos dois caminhos acima referidos. Vimos que nenhum deles leva a um resultado positivo.

O primeiro caminho reconduz simplesmente ao ponto de partida, com a perda dos valores vitais inerentes à psique coletiva. O segundo conduz diretamente ao âmago da psique coletiva, com a consequente perda da existência humana particular; no entanto só esta é

O eu e o inconsciente   161

capaz de oferecer a possibilidade de uma vida suportável e satisfatória. Em ambos os caminhos, porém, há valores imprescindíveis, de que o indivíduo não pode abrir mão.

A falha, portanto, não reside nem na psique coletiva, nem na psique individual, mas no fato de *permitir-se que uma exclua a outra*. Tal inclinação vem ao encontro da *tendência monista*, que sempre e em toda parte rastreia apenas um *único* princípio. O monismo, como tendência psicológica geral, é uma particularidade do sentir e pensar cultural e corresponde ao impulso de proclamar uma ou outra função como princípio psicológico supremo. O tipo introvertido conhece unicamente o princípio do pensamento e o tipo extrovertido somente o princípio do sentir[1]. Este monismo psicológico, ou melhor, este monoteísmo tem a vantagem da simplicidade e o inconveniente da unilateralidade. Significa, por um lado, a exclusão da pluralidade e da verdadeira riqueza da vida e do mundo; mas por outro lado representa a viabilidade dos ideais do nosso presente e do passado recente. Não significa, porém, uma verdadeira possibilidade de crescimento humano.

Da mesma forma, o *racionalismo* responde à tendência exclusivista. Sua essência consiste no fato de excluir taxativamente o oposto a seu ponto de vista, seja ele lógico-intelectual ou lógico-sentimental. Ele é, no que concerne à *ratio*, ao mesmo tempo monista e autocrático. Devemos agradecer especialmente a Bergson sua defesa do irracional, concedendo-lhe o direito de existência. A psicologia terá que adaptar-se ao reconhecimento de um pluralismo de princípio, embora isso não agrade muito ao espírito científico. Este é o único caminho que evitará o impasse da psicologia. (Neste particular, a psicologia deve muito ao trabalho precursor de William James.)

Em consideração à psicologia individual, a ciência terá até mesmo que renunciar a si própria. Falar de uma psicologia individual científica é uma *contradictio in adjecto*. Apenas a parcela coletiva de uma psicologia individual pode ser objeto da ciência, pois o indivíduo é, por definição, único e sem igual. Um psicólogo que pratique "cientificamente" a análise individual trai a psicologia individual. Dele se suspei-

---

1. Cf. p. 146, nota 7.

ta, com justa razão, que a psicologia individual que pratica seja a sua própria psicologia. Toda psicologia individual deve ter seu próprio manual, pois o manual geral contém apenas a psicologia coletiva.

Com essas observações pretendi preparar o terreno para as considerações acerca do tratamento do problema que nos ocupa. O erro fundamental dos dois caminhos mencionados é o fato do indivíduo identificar-se com um ou outro aspecto de sua psicologia. Esta, porém, é tanto individual como coletiva; entretanto nem o individual pode ser dissolvido no coletivo, nem o coletivo no individual. A *persona* deve ser estritamente separada do conceito do indivíduo, porquanto pode ser totalmente dissolvida no coletivo. O individual, porém, é justamente a instância que jamais pode desfazer-se no coletivo, não podendo identificar-se com ele. Por isso uma identificação com o coletivo ou uma voluntária ruptura com este último significa doença.

É impossível, no entanto, estabelecer uma nítida separação entre o individual e o coletivo num caso individual. Também em relação ao nosso intuito, tal distinção não teria de maneira alguma qualquer finalidade e valor. Basta saber que a alma humana é tanto individual quanto coletiva e que o seu crescimento só é possível se estes dois lados aparentemente contraditórios chegarem a uma cooperação natural. No âmbito da pura vida instintiva, tal conflito obviamente não existe, apesar de que a vida puramente corporal também tenha que satisfazer à exigência individual e à coletiva. No assim chamado instinto, isto é, na postura natural inconsciente, já reside a harmonia. O corpo e suas capacidades e necessidades proporcionam espontaneamente aquelas determinações e limitações que impedem a desmedida e a desproporção. A individualidade espiritual se baseia no corpo e jamais poderá realizar-se se os direitos do corpo não forem reconhecidos. Inversamente, o corpo também não pode desenvolver-se se a singularidade espiritual não for reconhecida.

Permitam-me usar uma imagem curiosa para ilustrar as saídas que resolveriam o nosso problema: é a do burro de Buridan entre dois feixes de capim. Sua perplexidade é falsa; nem o feixe da direita, nem o da esquerda seriam a melhor opção para começar a comer. O importante era aquilo que o impelia e para onde, esse era o problema. Ele, porém, deixou que o objeto decidisse.

O eu e o inconsciente   163

A questão se propõe do seguinte modo: o que, para este indivíduo, e neste dado momento, surge como um progresso à altura da vida? Isto não pode ser respondido por nenhuma ciência, por nenhuma sabedoria de vida, por nenhuma religião, por nenhum bom conselho, mas só pela consideração absolutamente sem preconceitos da semente de vida psicológica que se expande da cooperação natural do consciente e do inconsciente, por um lado, e do individual e coletivo, por outro. Onde encontramos esta semente de vida? Alguns a procuram no consciente, outros no inconsciente. O consciente, porém, é apenas um aspecto, e o inconsciente outro[2].

Encontramos na *fantasia* criadora a função unitiva que estamos buscando. Nela fluem conjuntamente os elementos atuantes que se oferecem. A fantasia, entretanto, goza de má reputação entre os psicólogos. As teorias psicanalíticas, até o momento, não a levaram em conta. Para Freud, bem como para Adler, a fantasia não é mais do que um véu "simbólico" que dissimula as tendências ou impulsos primitivos, pressupostos por ambos os investigadores. Podemos contrapor a essas opiniões – não relativamente ao fundamento teórico, mas essencialmente por razões práticas – o fato de que a fantasia pode ser explicada ou desvalorizada em função de sua causalidade; mas apesar disso ela é o regaço materno onde tudo é gerado e que possibilita o crescimento da vida humana. A fantasia tem, em si mesma, um valor irredutível enquanto função psíquica, cujas raízes mergulham tanto nos conteúdos conscientes como nos inconscientes, e tanto no coletivo como no individual.

Mas de onde adveio sua má reputação? Antes de tudo, da circunstância de que ela não pode ser tomada ao pé da letra. Se ela for compreendida *concretamente*, é carente de valor. Se for compreendida, como queria Freud, semanticamente, é interessante do ponto de vista científico; mas se a compreendermos como um *verdadeiro sím-*

---

2. (Primeira versão. Não devemos esquecer que os sonhos são compensatórios em relação ao consciente. Se não o fossem, deveríamos encará-los como uma fonte de conhecimento superior ao consciente e com isso voltaríamos à mentalidade da interpretação dos sinais e deveríamos arcar com todas as desvantagens das superstições; a não ser assim, deveríamos considerá-los como carentes de qualquer valor, de acordo com a opinião vulgar.)

bolo hermenêutico, então ela nos apontará a direção necessária para conduzir nossa vida em harmonia com nosso ser mais profundo.

O sentido do símbolo não é o de um sinal que oculta algo de geralmente conhecido[3], mas é a tentativa de elucidar mediante a analogia alguma coisa ainda totalmente desconhecida e em processo[4]. A fantasia nos dá, portanto, na forma de uma analogia mais ou menos acertada, alguma coisa que está em processo. Mediante a redução analítica a algo universalmente conhecido, destruímos o autêntico valor do símbolo. Seria atribuirmos, porém, um significado hermenêutico depararmos com seu valor e sentido.

A essência da hermenêutica, ciência largamente praticada há muito tempo, consiste em enfileirar analogias depois de analogias, a partir de um símbolo dado. Em primeiro lugar são anotadas as analogias subjetivas produzidas ao acaso pelo paciente e em segundo lugar, as analogias objetivas oferecidas pelo analista à base de seu conhecimento geral. Através deste processo, o símbolo inicial é ampliado e enriquecido: desta forma chegaremos a um quadro extremamente complexo e multifacetado. Configuram-se então certas linhas do desenvolvimento psicológico, de natureza tanto individual como coletiva. Não há conhecimento no mundo que possa provar a "certeza" dessas linhas; o racionalismo, pelo contrário, pode provar facilmente que elas não são certas. Seu valor, no entanto, é atestado pelo extremo *valor vital* dessas linhas. E o que ocorre no tratamento prático é que o importante é a vida proporcionada ao homem e não que os princípios de sua vida possam ser demonstrados racionalisticamente como "certos".

Fiel à superstição do espírito científico, alguém poderia dizer que se trata aqui de *sugestão*. Mas há muito tempo se sabe que uma sugestão só pode ser aceita se ela se ajustar a uma dada pessoa. Se fosse simplesmente um caso de sugestão, o tratamento das neuroses seria extremamente simples, pois se trataria somente de sugerir ao indi-

---

3. A saber, para o instinto geral ou para o propósito elementar e geral.

4. Cf., além disso, SILBERER, H. *Probleme der Mystik und ihrer Symbolik*. Viena/Leipzig: [s.e.], 1914 [2. ed. Darmstadt: [s.e.], 1961]. • JUNG, C.G. *Wandlungen und Symbole der Libido*. Op. cit.; cf. tb. "O conteúdo da psicose". In: Psicogênese das doenças mentais. Petrópolis: Vozes, 2011 [OC, 3].

víduo o estado de saúde. Essas afirmações pseudocientíficas acerca da sugestão se apoiam na superstição inconsciente de que aquela possui realmente um poder mágico geral. Quem não possuir essa inclinação no seu íntimo, não será passível de qualquer sugestão.

O tratamento hermenêutico das fantasias conduz teoricamente, ao longo da análise, à síntese do indivíduo com a psique coletiva. Entretanto, na prática, é indispensável outra condição: pertence à natureza especialmente regressiva do neurótico, adquirida no decurso de sua doença, o fato de não poder levar a sério o mundo ou a si mesmo. Ele procura, para curar-se, este médico ou aquele, um método ou outro e em qualquer circunstância não colabora. É preciso sair na chuva para molhar-se. Sem a completa boa vontade e seriedade absoluta do paciente, a cura não se dá. Não há curas mágicas de neurose. No momento em que o médico começa a preparar os caminhos simbolicamente pressentidos, o paciente tem que percorrê-los. Se ele se esquivar, iludindo-se, a cura se torna impossível. Ele deve viver verdadeiramente aquilo que viu e reconheceu como sendo o traçado de sua vida individual até que o inconsciente manifeste uma clara reação, revelando se o caminho iniciado é verdadeiro ou falso.

Quem não possuir esta função moral, que é a fidelidade a si mesmo, nunca se livrará da neurose. Aquele, porém, que a possuir encontrará a saída da neurose.

Nem o médico, nem o paciente devem iludir-se, imaginando que o simples "analisar" é suficiente para remover a neurose. Isso seria um engano e um autoengano. Afinal de contas é a realidade moral que decide, infalivelmente, entre a saúde e a doença.

Mediante a construção dos traçados vitais são conscientizados os rumos da libido. Tais traçados de vida não são idênticos às "linhas mestras fictícias" descobertas por Adler, pois estas não são mais do que as tentativas voluntárias de seccionar a *persona* da alma coletiva, conferindo-lhe autonomia. Seria melhor dizer que a "linha mestra fictícia" é uma tentativa frustrada de estabelecer um traçado de vida. A ineficácia dessa linha fictícia pode também ser reconhecida no fato de que se mantém nessa via de modo crispado e por tempo demasiado.

O traçado vital hermeneuticamente construído é breve, uma vez que a vida não segue linhas retas, pressentidas num futuro distante.

Diz Nietzsche que "toda verdade é sinuosa". Os traçados de vida, portanto, nunca são princípios ou ideais válidos para todos, mas pontos de vista e posições de validade efêmera. A baixa de intensidade vital, a perda sensível da libido, ou ainda uma impetuosidade excessiva indicam que o traçado foi abandonado e que deveria iniciar-se um novo rumo. Enquanto isso, basta confiar ao inconsciente o encontro da nova linha. Entretanto, esta atitude não é recomendável ao neurótico em qualquer circunstância, embora também existam casos em que ele deva aprender justamente a abandonar-se, ainda que por uma só vez, ao assim chamado acaso. A longo prazo, porém, não é aconselhável deixar que as coisas aconteçam; pelo menos seria bom ficar atento às reações do inconsciente, aos sonhos que indicam, como um barômetro, a unilateralidade da nossa posição[5]. Julgo, portanto, necessário – contrariando outras opiniões – que o paciente continue em contato com o inconsciente, mesmo depois da análise, a fim de evitar uma recaída[6]. Por isso, estou convencido de que a verdadeira meta da análise é atingida quando o paciente adquire um conhecimento suficiente dos métodos, mediante os quais poderá ficar em contato com o inconsciente, e um saber psicológico satisfatório que lhe permita

---

5. Não devemos procurar qualquer função "moral" no significado do sonho, nem estou sugerindo que se possa encontrar alguma. Tal função também não é "teleológica", no sentido de uma teleologia filosófica, isto é, que significasse uma finalidade, ou melhor, uma meta final. Muitas vezes sugeri que a função do sonho é, em primeiro lugar, compensadora, na medida em que o sonho representa o material subliminal constelado pela situação atual da consciência. Não há nele nem intenção moral, nem algo de teleológico, mas simplesmente um fenômeno que, em primeiro lugar, deve ser considerado causal. Seria injusto, entretanto, considerar a essência da psique apenas do ponto de vista causal. Pode-se e mesmo se deve encará-la de um ponto de vista final (a causalidade é também um ponto de vista), a fim de indagar o motivo pelo qual esse material se constelou. Isto não quer dizer que o significado final tenha o sentido de um fim preexistente aos estágios preparatórios dos fenômenos aqui referidos. Isto não seria possível do ponto de vista da teoria do conhecimento; deduzir do significado indubitavelmente final dos mecanismos biológicos, uma finalidade preexistente. Mas se é legítimo abandonar uma conclusão teleológica, seria, no entanto, uma limitação extrema sacrificar também o ponto de vista da finalidade. Tudo que se pode dizer é que as coisas acontecem como se houvesse uma finalidade preexistente. No domínio da psicologia, devemos precaver-nos de acreditar na pura causalidade ou na pura teleologia.

6. Com isso não dizemos que o paciente não só não está adaptado ao inconsciente, como também ao mundo real.

O eu e o inconsciente

compreender razoavelmente o desenvolvimento do seu traçado vital. Caso contrário, seu consciente não teria condições de acompanhar o rumo da corrente da libido, apoiando assim conscientemente a individualidade resultante. Todos os casos de neurose mais ou menos graves necessitam desse preparo, a fim de consolidar a cura.

Neste sentido, a análise não é um método que possa ser monopolizado pela medicina; é também uma arte, uma técnica ou uma ciência da vida psicológica, que devemos cultivar depois da cura, para o próprio bem e para o bem de todos. Se compreendermos isto corretamente, não nos apresentaremos como profetas da psicanálise ou reformadores do mundo mas, à base de uma verdadeira compreensão do bem geral, deixaremos frutificar, em primeiro lugar em nós mesmos, os acontecimentos adquiridos durante o tratamento, atuando mais pelo exemplo da própria vida, do que através de discursos pomposos e de propaganda missionária.

[Estou plenamente consciente de estar pisando em terreno perigoso. Trata-se de uma terra virgem a ser conquistada pela psicologia. Sou obrigado a fazer um trabalho pioneiro. Por isso, percebo também a insuficiência de muitas formulações, embora seja inútil a consciência desta limitação. Peço, pois, ao leitor que não se assuste com a insuficiência desta exposição, mas que procure penetrar naquilo que estou tentando formular. Como esclarecimento que poderá servir para a elucidação deste problema central, principalmente no que concerne ao conceito de *individual* em relação ao pessoal, por um lado, e ao coletivo, por outro, é oportuno acrescentar o seguinte: Como já indiquei, o elemento individual aparece em primeiro lugar na escolha especial daqueles elementos da psique coletiva que servem para a composição da *persona*. Sublinhamos ainda que os seus componentes não são individuais, mas coletivos; no entanto, a sua combinação ou a escolha de um grupo já configurado (de um modelo) é individual. Este seria o cerne individual, encoberto pela máscara pessoal. Na diferenciação particular da *persona* revela-se a resistência da individualidade contra a psique coletiva. Através da análise da *persona* damos maior valor à individualidade e aumentamos assim seu conflito com a coletividade. Tal conflito é naturalmente uma contradição psicológica no sujeito. Mediante a dissolução do compromisso entre as duas metades de um par de contrários, aumenta-se a eficácia dos contrários. Numa vida puramente natural e inconsciente tal conflito não existe, uma vez que lhe bastam as exigências da vida meramente fisiológica e coletiva. A atitude natural e inconsciente é harmônica. Uma função psicológica diferenciada, porém, tem sempre uma tendência à desproporção devido à sua unilateralidade e pelo fato de ter sido castigada pela intencionalidade consciente. A individualidade assim chamada espiritual é também uma expressão da corporalidade do indivíduo; ambas são, por assim dizer, idênticas. (Esta afirmação pode ser invertida num enfoque espiritualista, em nada alterando o fato psicológico da íntima relação da individualidade com o corpo.) Se por um lado o corpo é algo que torna os indivíduos semelhantes em alto grau, por outro, o corpo individual distingue um indivíduo de todos os demais. Da mesma forma, a individualidade espiritual ou moral diferencia uns dos outros, por um lado, mas se caracteriza também pelo fato de torná-los semelhantes. Todo ser vivo que se desenvolvesse de modo totalmente individual ou livre de coação, realizaria, na plenitude de sua individualidade e da melhor forma possível, o tipo ideal da sua espécie; para falar figuradamente, teria uma validade coletiva.

A *persona* é sempre idêntica a uma atitude *típica*, em que domina *uma* das funções psicológicas: o pensar, o sentir, a intuição etc. Tal unilateralidade condiciona uma repressão relativa das outras funções. Em consequência disso a *persona* é um obstáculo ao desenvolvimento individual. A dissolução da *persona* é, portanto, uma condição indispensável da individuação. É impossível também que a individuação se processe mediante uma intenção consciente, pois esta conduz a uma atitude típica que exclui tudo o que não é apropriado a ela. A assimilação dos conteúdos inconscientes leva, pelo contrário, a um estado em que a intencionalidade consciente é excluída e substituída por um processo de desenvolvimento que se nos afigura irracional. Só este processo conduz à individuação; seu *produto* é a individualidade tal como acima a definimos: única e ao mesmo tempo geral. Enquanto existir a *persona*, a individualidade é reprimida e se manifesta, no máximo, na escolha das características pessoais, por assim dizer pelo traje do ator. Só com a assimilação do inconsciente a individualidade emerge e se evidencia através daquele fenômeno psicológico de ligação entre o eu e o não eu; é isto que chamamos de posição, não mais típica, mas autêntica posição individual.

O paradoxo desta formulação provém da mesma raiz da qual se originou outrora o conflito universal. A frase *animal nulluque animal genus est* torna claro e compreensível o paradoxo fundamental. O "real" existente é o singular, o qual é psicologicamente existente, embora repouse nas semelhanças real-existentes das coisas singulares. Assim, o indivíduo é a coisa singular que numa proporção maior ou menor detém aquelas qualidades sobre as quais se baseia o conceito da "coletividade"; quanto mais individual ele for, tanto mais desenvolverá as qualidades que estão à base do conceito coletivo do ser-homem.

Espero contribuir para o esclarecimento destes problemas complexos, ao ressaltar a arquitetônica dos fatores a serem considerados.

Temos que nos haver com alguns conceitos básicos: em primeiro lugar, com o conceito do *mundo real*. Este deve ser entendido, de um modo geral, como aquele conteúdo de consciência constituído, por um lado, pela imagem do mundo mediada pela percepção, e por outro, mediada pelo sentimento e pensamento conscientes.

Prossigamos na consideração do *inconsciente coletivo*. Este é constituído pelas percepções inconscientes dos processos reais exteriores, por um lado, e por outro por todos os resíduos das funções de percepção e adaptação filogenéticas. Uma reconstrução da imagem do mundo inconsciente resultaria numa imagem, mostrando a realidade exterior, tal como sempre foi vista. O inconsciente coletivo contém, ou melhor, é uma imagem especular do mundo. De certo modo é um mundo, mas um mundo de imagens.

O mundo da consciência é coletivo numa ampla medida, tal como o mundo do inconsciente. Estas duas esferas da psique configuram conjuntamente a *psique coletiva* no indivíduo.

Em face da psique coletiva coloca-se o quarto conceito, a saber, o conceito da *individualidade*. O indivíduo se coloca, de certa forma, no meio, entre a parte consciente e a parte inconsciente da psique coletiva. O indivíduo é, por assim dizer, a superfície do espelho, na qual o mundo da consciência pode ver refletida sua imagem histórica inconsciente, da mesma forma que, no dizer de Schopenhauer, o intelecto coloca o espelho diante da vontade. Nesta arquitetônica o indivíduo seria um ponto ou uma linha divisória, nem consciente nem inconsciente, ou melhor, ambas as coisas, algo de consciente e de inconsciente.

Esta natureza paradoxal do indivíduo psicológico contrapõe-se à natureza da *persona*. Esta é universalmente consciente, ou pelo menos, capaz de consciência. É uma forma de compromisso entre a realidade exterior e o indivíduo. Corresponde, pois, na totalidade da sua essência a uma função de adaptação do indivíduo ao mundo real. A *persona* coloca-se, por conseguinte, entre o mundo real e a individualidade.

Além da individualidade, que parece ser o âmago da consciência do *eu* e do inconsciente, encontramos o inconsciente coletivo. O lugar correspondente à *persona*, entre o inconsciente individual e o coletivo, se nos afigura vazio. A experiência me ensinou, porém, que lá também há uma espécie de *persona*, de caráter compensatório, que poderíamos chamar de *anima* (no homem). Seria uma forma de compromisso inconsciente entre o indivíduo e o mundo inconsciente, ou melhor, o mundo das imagens históricas ou primordiais. Frequentemente deparamos com a *anima* nos sonhos, onde ela se apresenta ao homem como um ser feminino; na mulher, mostra-se como um ser masculino (*animus*). Encontramos uma boa descrição dessa figura na *imago* de Spitteler; em seu *Prometheus und Epimetheus* ela aparece como a alma de Prometeu, e no *Olympischen Frühling*, como a alma de Zeus.

Na medida em que o *eu* se identifica com a *persona*, a *anima* se projeta nos objetos reais que nos cercam, como tudo o que é inconsciente. Por isso a *anima* é geralmente encontrada na mulher que se ama. Podemos reconhecer facilmente tal fato nas expressões amorosas. Neste particular os poetas também contribuíram com um farto material de provas. Quanto mais normal o sujeito, menos aparecem as qualidades demoníacas da *anima* nos objetos de seu círculo mais próximo. Essa projeção recai sobre pessoas estranhas, como que para evitar o perigo de uma perturbação imediata. Mas quanto mais sensitivo for o sujeito, tanto mais se aproximam as projeções demoníacas, a ponto de romperem o próprio tabu familiar, dando origem aos típicos romances neuróticos familiares.

Quando o *eu* se identifica com a *persona*, o centro individual jaz no inconsciente. Ele se torna como que idêntico ao inconsciente coletivo, porquanto toda personalidade é por assim dizer apenas coletiva. Em tais casos há sempre uma intensa força de sucção rumo ao inconsciente e ao mesmo tempo uma fortíssima resistência consciente contra isso, manifestando-se um medo da destruição dos ideais conscientes.

Há casos – pude constatá-los principalmente entre artistas ou naturezas exaltadas – cujo *eu* não se localiza na *persona* (enquanto relação com o mundo real), mas muito mais na *anima* (enquanto relação com o inconsciente coletivo). Neste caso, indivíduo e *persona* são inconscientes. O inconsciente coletivo constitui uma parte da consciência, ao passo que uma grande parte do mundo real configura um conteúdo inconsciente. Tais pessoas sentem um medo demoníaco diante da realidade, que corresponde àquele que o homem comum experimenta diante do inconsciente.]

RESUMO

O material psicológico pode ser dividido em *conteúdos conscientes* e *inconscientes*.

I. Os *conteúdos conscientes* são em parte *pessoais*, na medida em que não se reconhece sua validade geral; e em parte impessoais, isto é, coletivos na medida em que sua validade universal é reconhecida.

II. Os *conteúdos inconscientes* são em parte *pessoais* quando se referem a materiais de natureza pessoal que já foram *relativamente* conscientes, sendo depois reprimidos. Quando conscientizados, sua validade geral não é reconhecida. Tais conteúdos são em parte *impessoais* quando se trata de materiais reconhecidamente *impessoais*, cuja validade é universal, não podendo ser provado o fato de terem sido antes nem mesmo relativamente conscientes.

A Constituição da persona

I. Os conteúdos conscientes pessoais constituem a *persona* consciente, o *eu* consciente.

[II. Os conteúdos conscientes pessoais se vinculam aos elementos e aos germes da individualidade ainda não desenvolvida e ao inconsciente coletivo. Todos esses conteúdos estão conectados com os conteúdos pessoais reprimidos (com o inconsciente pessoal) e dissolvem a *persona* no material coletivo, ao serem assimilados pela consciência[1].]

A Constituição da psique coletiva

I. Os conteúdos conscientes e inconscientes de natureza *impessoal*, ou melhor, coletiva, estabelecem o *não eu* psicológico, a *imago do objeto*. Estes materiais, na medida em que são inconscientes, e idênticos a priori à imago do objeto, aparecem como qualidades do objeto e só a posteriori são reconhecidos como qualidades psicológicas.

[II. A *persona* é uma imago do sujeito, constituída em grande parte de materiais coletivos como a imago do objeto. Quanto à *persona*, é um produto de compromisso com a sociedade: o *eu* se identifica mais com a *persona* do que com a individualidade. Quanto mais o *eu* identificar-se com a *persona* tanto mais o sujeito é aquele que aparenta. O *eu* é desindividualizado[2].]

III. A psique coletiva se compõe assim da imago do objeto e da *persona*. [Quando o *eu* é inteiramente idêntico à *persona*, a individualidade é totalmente reprimida e toda a psique consciente se torna coletiva. Isto representa o máximo de adaptação à sociedade e o mínimo de adaptação à própria individualidade.]

---

1. (Primeira versão. II. Os conteúdos do inconsciente pessoal constituem o *si-mesmo*, o *eu* inconsciente ou subconsciente.

    III. Os conteúdos conscientes e inconscientes de natureza pessoal constituem a *persona*.)

2. (Primeira versão. II. A *persona* é o agrupamento de conteúdos conscientes e inconscientes, que estabelece o *eu* diante do não eu. A semelhança geral dos diversos conteúdos pessoais dos indivíduos determina uma larga semelhança, que chega à identidade; através disso, os conteúdos pessoais de natureza *individual*, e desta maneira a *persona*, devem ser considerados como um segmento da psique coletiva.)

A individualidade

[I. A individualidade aparece como o princípio da singularidade na combinação dos elementos coletivos da *persona* e suas manifestações.

II. A individualidade é um princípio que resiste à exclusividade da psique coletiva. Ela possibilita a diferenciação da psique coletiva e em determinados casos a violenta.

III. A individualidade é uma tendência ou sentido de desenvolvimento, que sempre se diferencia e se separa de uma dada coletividade.

IV. A individualidade é o que é singular no indivíduo; por um lado é determinada pelo princípio da singularidade e da diferenciação e por outro pela necessária pertinência à sociedade. O indivíduo é um membro imprescindível do contexto social.

V. O desenvolvimento da individualidade é simultaneamente um desenvolvimento da sociedade. A repressão da individualidade pela predominância de ideias de organizações coletivas significa a decadência moral da sociedade.

VI. O desenvolvimento de uma individualidade nunca pode efetuar-se apenas mediante a relação *pessoal*; ela requer também a relação da *psique* com o inconsciente coletivo e vice-versa[3].]

---

3. (Primeira versão. I. O individual aparece em parte como o princípio que é determinado e limitado pelos conteúdos considerados pessoais.

II. O individual é o princípio possibilitado e mesmo necessariamente determinado, mediante uma diferenciação progressiva da psique coletiva.

III. O individual se manifesta em parte como um obstáculo à ação coletiva e como uma resistência ao pensamento e sentimento coletivos.

IV. O individual é a originalidade na combinação geral (coletiva) dos elementos psicológicos.)

O inconsciente coletivo

[I. O inconsciente coletivo é a parte inconsciente da psique coletiva, a *imago* do objeto inconsciente.

II. O inconsciente coletivo se compõe: *primeiro*, de percepções, pensamentos e sentimentos subliminais que não são reprimidos devido a sua incompatibilidade pessoal, mas que devido à intensidade insuficiente do seu estímulo, ou pela falta do exercício da libido, ficam desde o início aquém do limiar da consciência; *segundo*, de restos subliminais de funções arcaicas, que existem a priori e que podem ser acionados a qualquer momento através de um certo represamento da libido. Esses resíduos não são apenas de natureza formal, mas também dinâmica (impulsos); *terceiro*, de combinações subliminais sob forma simbólica, que ainda não estão aptas para serem conscientizadas.

III. Um conteúdo atual do inconsciente coletivo consistirá sempre numa amálgama dos três pontos já formulados; daí o poder-se interpretar a expressão para diante ou para trás.

IV. O inconsciente coletivo sempre aparece projetado num objeto consciente.

V. O inconsciente coletivo no indivíduo A se assemelha ao inconsciente coletivo no indivíduo Z num grau muito maior do que teria uma conexão recente de ideias conscientes nos entendimentos entre A e Z.

VI. Ao que parece, os conteúdos mais importantes do inconsciente coletivo são as "imagens primordiais", isto é, as ideias coletivas inconscientes e os impulsos vitais (vida e pensamento mítico).

VII. Enquanto o *eu* for idêntico à *persona*, a individualidade também constitui um conteúdo essencial do inconsciente coletivo. Aparece em sonhos e fantasias: nos homens, primeiro como uma figura masculina, e nas mulheres, como uma figura feminina; poste-

Obra Completa — Vol. 7/2 175

riormente apresenta atributos hermafroditas, caracterizando desse modo sua posição central. (Em *Golem* e na *Walpurgisnacht* de Meyrink encontramos bons exemplos disto.)

A anima

1. A *anima* é uma imago do sujeito inconsciente, análoga à *persona*; esta última, como já vimos, é o nexo de como nos apresentamos ao mundo e de como o mundo nos vê. Quanto à *anima* é a imagem do sujeito, tal como se comporta em face dos conteúdos do inconsciente coletivo ou então é uma expressão dos materiais inconscientes coletivos, que são constelados inconscientemente pelo sujeito. Poder-se-ia assim dizer que a *anima* traduz o modo pelo qual o sujeito é visto pelo inconsciente coletivo.

2. Se o *eu* se colocar no ponto de vista da *anima*, sua adaptação à realidade encontrar-se-á seriamente comprometida; o sujeito estará perfeitamente adaptado ao inconsciente coletivo, mas não à realidade. Neste caso, o sujeito também ficará desindividualizado[4].]

---

4. (Primeira versão. Dividimos os conteúdos inconscientes em *individuais* e *coletivos*.
I. Conteúdo individual é aquele cuja tendência de desenvolvimento segue a direção da diferenciação relativamente ao coletivo.
II. Conteúdo coletivo é aquele cuja tendência de desenvolvimento visa à universalidade.
III. Para designar-se um dado conteúdo como simplesmente individual ou coletivo faltam critérios adequados, pois a singularidade é dificilmente verificável, sempre e onde quer que aconteça.
IV. O traçado vital do indivíduo é a resultante da tendência individualista ou coletivista do processo psicológico.)

Referências

ADLER, A. *Über den nervösen Charakter* – Grundzüge einer vergleichenden Individualpsychologie und Psychotherapie. Viena: [s.e.], 1912.

AIGREMONT, Dr. (Pseud. do barão v. Schultze Galléra). *Fuβ- und Schuh- Symbolik und -Erotik*. Leipzig: [s.e.], 1909.

BENOIT, P. *L'Atlantide*. Paris: [s.e.], 1919.

BERNHEIM, H. *De la suggestion et de ses applications à la thérapeutique*. [s.l.]: [s.e.], 1886.

_____. *Die Suggestion und ihre Heilwirkung*. Leipzig: F. Deuticke, 1888 [Edição alemã autorizada por Sigmund Freud].

BLEULER, E. "Dementia Praecox oder Gruppe der Schizophrenien". *Handbuch der Psychiatrie*, 1911. Leipzig/Viena.

_____. *Die Psychoanalyse Freuds*. – Verteidigung und kritische Bemerkungen. Leipzig/Viena: [s.e.], 1911 [Originalmente em *Jahrbuch für psychoanalytische und psychopathologische Forschungen*, II/2, 1910. Leipzig/Viena].

BREUER, J. & FREUD, S. *Studien über Hysterie*. Leipzig/Viena: F. Deuticke, 1895.

DAUDET, L. *L'Hérédo*. Paris: [s.e.], 1916.

FECHNER, G. Th.: *Elemente der Psychophysik*. 2. ed. não modificada. Leipzig: [s.e.], 1860.

FERRERO, G. *Les lois psychologiques du symbolisme*. Paris: [s.e.], 1895.

FLOURNOY, T. *Des Indes à la planète Mars:* Etude sur un cas de somnambulisme avec glossolalie. 3. ed. Paris/Genebra: [s.e.], 1900.

_____. Automatisme téléologique antisuicide: un cas de suicide empêché par une hallucination. *Archives de Psychologie*, Vol. VII, 1908. Genebra.

FOREL, A. *Die sexuelle Frage*. Eine naturwissenschaftliche, psychologische, hygienische und soziologische Studie für Gebildete. Munique: [s.e.], 1905.

FRANZ, M.-L. von. *Die Visionen des Niklaus von Flüe*. Zurique: [s.e.], 1959 [Estudos do C.G. Jung-Institut, 9].

FREUD, S. *Sammlung kleiner Schriften*. Ausden Jahren 1893-1906. 2 vols. Leipzig/Viena: [s.e.], 1908/1909.

_____. *Jenseits des Lustprinzips*. 3. ed. Leipzig/Viena/Zurique: [s.e.], 1923.

_____. *Totem und Tabu*. Ges. Schriften, Vol. X. Viena: [s.e.], 1924.

_____. *Drei Abhandlungen zur Sexualtheorie*. Leipzig/Viena: [s.e.], 1905.

_____. *Eine Kindheitserinnerung des Leonardo da Vinci*. Ges. Schriften, Vol. IX. Leipzig/Viena: [s.e.], 1925.

_____. *Die Traumdeutung*. Ges. Schriften, Vol. II. Viena: [s.e.], 1925.

_____. Abriβ der Psychoanalyse. *Schriften aus dem Nachlaβ*. 1892-1938. Londres, 1941.

FROBENIUS, L. *Das Zeitalter des Sonnengottes*, I. Berlim: [s.e.], 1904.

Obra Completa — Vol. 7/2

GANZ, H. *Das Unbewußte bei Leibniz in Beziehung zu modernen Theorien*. Diss. Zurique: [s.e.], 1917.

GOETHE, J.W. von. *Die Geheimnisse*: Ein Fragment. Zurique: [s.e.], 1962 [Vol. VII de Werke in 10 Bänden].

HAGGARD, H.R. *She*. A History of Adventure. Londres: [s.e.], 1887.

HELM, G.F. *Die Energetik nach ihrer geschichtlichen Entwicklung*. Leipzig: [s.e.], 1898.

HUBERT, H. & MAUSS, M. *Mélanges d'histoire des religions*. Paris: [s.e.], 1909.

JACOBI, J. *Die Psychologie von C.G. Jung*. Eine Einführung in das Gesamtwerk. 4. ed. ampl. Zurique: [s.e.], 1959 [Prefácio de C.G. Jung].

JAFFÉ, A. *Geistererscheinungen und Vorzeichen*. Zurique: Daimon, 1958.

JAMES, W. *Pragmatism*. A New Name for some Old Ways of Thinking. Londres/Nova York: [s.e.], 1911.

_____. *The Varieties of Religious Experience*. A Study in Human Nature. 30. ed. Londres/Cambridge (Mass.): [s.e.], 1902.

JANET, P. *L'Automatisme psychologique*. Essai de psychologie expérimentale sur les formes inférieures de l'activité humaine. Paris: [s.e.], 1889 [7. ed. 1913].

_____. *Névroses et idées fixes*. 2. ed. 2 vols. Paris: [s.e.], 1904/1908.

JUNG, C.G.* *Psychologie und Alchemie*. Zurique: Rascher, 1944 [vol. V de Psychologische Abhandlungen. Nova edição 1952. OC, 12, 1972].

---

* Por razão de brevidade, indicamos apenas a última edição para as obras de C.C. Jung com várias edições.

_____. Über den Archetypus mit besonderer Berücksichtigung des Animabegriffes. In: JUNG, C.G. *Von den Wurzeln des Bewusstseins*. Studien über den Archetypus (As raízes da consciência. Estudos sobre o arquétipo). Zurique: [s.e.], 1954 [Psychologische Abhandlungen IX] [OC, 9/1].

_____. Über die Archetypen des kollektiven Unbewußten. In: JUNG, C.G. *Von den Wurzeln des Bewusstseins*: Studien über den Archetypus (vol. IX de Psychologische Abhandlungen). Zurique: Rascher, 1954. [OC, 9/1].

_____. *Über die Phychologie der Dementia praecox*. Halle: [s.e.], 1900. Em português: "A psicologia da *Dementia Praecox*". In: JUNG, C.G. *Psicogênese das doenças mentais*. Petrópolis: Vozes, 2011 [OC, 3].

_____. *Psychologie und Erziehung*. Zurique: Rascher, 1946 e 1950 [OC, 17].

_____. Zur Psychologie des Kind-Archetypus. In: JUNG, C.G. & KERÉNYI, K. *Einführung in das Wesen der Mythologie*: Das göttliche Kind/Das göttliche Mädchen. Zurique: Rhein-Verlag, 1951 [Colaboração de Jung em OC, 9/1].

_____. Die psychologischen Aspekte des Mutter-Archetypus. In: JUNG, C.G. *Von den Wurzeln des Bewusstseins*: Studien über den Archetypus (vol. IX de Psychologische Abhandlungen). Zurique: Rascher, 1954. [OC, 9/1].

_____. *Über psychische Energetik und das Wesen der Träume*. Zurique: Rascher, 1948 (vol. II da série: Psychologische Abhandlungen) [OC, 8].

_____. Sigmund Freud als kulturhistorische Erscheinung. *Wirklichkeit der Seele*: Anwendungen und Fortschritte der neueren Psychologie. Zurique: Rascher, 1934 [OC, 15].

_____. Die transzendente Funktion. In: JUNG, C.G. *Geist und Werk*. [s.l.]: [s.e.], 1958. "A função transcendente". In: JUNG, C.G. *A dinâmica do inconsciente*. Petrópolis: Vozes, 1984 (OC, 8)].

_____. *Kommentar zu*: Das Geheimnis der goldenen Blüte. 6. ed. [s.l.]: [s.e.], 1957 [OC, 13].

_____. Die psychologischen Grundlagen des Geisterglaubens. In: JUNG: C.G. *Über psychische Energetik und das Wesen der Träume*. Zurique: Rascher, 1948 (vol. II da série: Psychologische Abhandlungen) [OC, 8].

_____. Instinkt und Unbewußtes. In: JUNG, C.G. *Über psychische Energetik und das Wesen der Träume*. Zurique: Rascher, 1948 (vol. II da série: Psychologische Abhandlungen) [OC, 8].

_____. Bruder Klaus. In: "*Neue Schweizer Rundschau*". Agosto de 1933 [OC, 11].

_____. Allgemeines zur Komplextheorie. In: JUNG, C.G. *Über psychische Energetik und das Wesen der Träume*. Zurique: Rascher, 1948 (vol. II da série: Psychologische Abhandlungen) [OC, 8].

_____. Zum psychologischen Aspekt der Kore-Figur. In: JUNG, C.G. & KERÉNYI, K. *Einführung in das Wesen der Mythologie*: Das göttliche Kind/Das göttliche Mädchen. Zurique: Rhein-Verlag, 1951.

_____. Zur Phaenomenologie des Geistes im Märchen. In: JUNG, C.G. *Symbolik des Geistes*. Zurique: Rascher, 1948 [OC, 9/1].

_____. Die Lebenswende. In: JUNG, C.G. *Seelenprobleme der Gegenwart*. (Psychologische Abhandlungen III) Zurique: Rascher, 1931 [OC, 8].

_____. Paracelsus als geistige Erscheinung. In: JUNG, C.G. *Paracelsica*: Zwei Vorlesungen über den Arzt und Philosophen Theophrastus. Zurique: Rascher, 1942 [OC, 13 e 15, 1971].

_____. *Der Inhalt der Psychose*. 2. ed. Leipzig: [s.e.], 1914 [OC, 3].

_____. Zur Psychologie und Pathologie sogenannter occulter Phaenomene. Diss. Leipzig: [s.e.], 1902 [OC, 1].

182   O eu e o inconsciente

_____. *Psychologie und Religion.* 4. ed. 1962 [OC, 11].

_____. Die Struktur der Seele. In: JUNG, C.G. *Seelenprobleme der Gegenwart.* (Psychologische Abhandlungen III.) Zurique: Rascher, 1931 [OC, 8].

_____. *Psychologische Typen.* Zurique: Rascher, 1921 [OC, 6].

_____. Allgemeine Gesichtspunkte zur Psychologie des Traumes. In: JUNG, C.G. *Über psychische Energetik und das Wesen der Träume.* Zurique: Rascher, 1948 (vol. II da série: Psychologische Abhandlungen) [OC, 8].

_____. Über das Unbewußte. *Schweizerland.* IV, 9, 11 e 12. 1918 [OC, 10].

_____. "Über den Begriff des kollektiven Unbewußten, ou The Concept of the Collective Unconscious". *St. Bartholomew's Hospital Journal*, XLIV, 3 e 4, dez. 1936 e jan. 1937 [OC, 9/1].

_____. *Die Bedeutung des Unbewußten für die individuelle Erziehung.* Conferência realizada no Congresso Internacional de Educação. Heidelberg: [s.e.], 1925 [OC, 17].

_____. *Bewußtes und Unbewußtes.* [s.l.]: Fischer Bücherei, 1957.

_____. *Wandlungen und Symbole der Libido.* Viena: [s.e.], 1912.

_____. *Symbole der Wandlung.* Analyse des Vorspiels zu einer Schizophrenie. Zurique: Rascher, 1952 [Em português: *Símbolos da transformação.* Petrópolis: Vozes, 2011 (OC, 5)].

JUNG, C.G. (org.). *Diagnostische Assoziationsstudien*: Beiträge zur experimentellen Psychopathologie. 2 vols. Leipzig: [s.e.], 1906/1910.

JUNG, E. Ein Beitrag zum Problem des Animus. In: JUNG, C.G. *Wirklichkeit der Seele.* Zurique: [s.e.], 1934.

KANT, I. *Vorlesungen über Psychologie.* Leipzig: [s.e.], 1889.

Obra Completa — Vol. 7/2

KERÉNYI, K. & JUNG, C.G. *Einführung in das Wesen der Mythologie*. 4. ed., Zurique: [s.e.], 1951.

KUBIN, A. *Die andere Seite*. Munique: [s.e.], 1908.

LEHMANN, F.R. *Mana*. Leipzig : [s.e.], 1922.

LÉVY-BRUHL, L. *Les fonctions mentales dans les sociétés inférieures*. Paris : [s.e.], 1912.

LIÉBAULT, A.A. *Du sommeil et des états analogues considérés au point de vue de l'action du moral sur le physique*. Paris: [s.e.], 1866.

LONG, C.E. (org.). *Collected Papers on Analytical Psychology*. Londres: Baillère, Tindall and Cox, 1916 [OC, 1, 2, 3, 4 e 6].

LONGFELLOW, H.W. *The Song of Hiawatha*. Boston: [s.e.], 1855.

LOVEJOY, A.O. The Fundamental Concept of the Primitive Philosophy. *The Monist*, XVI, 1906.

MAEDER, A. Psychologische Untersuchungen an Dementia Praecox-Kranken. *Jahrbuch für psychoanalytische u. psychopathologische Forschungen*. Vol. II, 1910. Leipzig/Viena.

MAYER, R. *Kleinere Schriften und Briefe*. Stuttgart: [s.e.], 1893.

MEYRINK, G. *Fledermäuse*. Leipzig, 1917.

_____. *Der Golem*. Leipzig: [s.e.], 1915.

MOEBIUS, P.J. *Über das Pathologische bei Nietzsche*. Wiesbaden: [s.e.], 1902.

NELKEN, J. Analytische Beobachtungen über Phantasien eines Schizophrenen. *Jahrbuch für psychoanalytische u. psychopathologische Forschungen*. Vol. IV, 1ª Parte, 1912. Leipzig/Viena.

NERVAL, G. de. *Aurelia*. Paris: [s.e.], 1913 [Tradução alemã de F. Hindermann. Basileia: [s.e.], 1943].

OSTWALD, W. *Große Männer*. 3. e 4. ed. Leipzig: [s.e.], 1910.

_____. *Die Philosophie der Werte*. Leipzig: [s.e.], 1913.

PFAFF, J.W. *Astrologie*. Bamberg: [s.e.], 1816.

_____. *Der Stern der drei Weisen*. Bamberg: [s.e.], 1821.

ROUSSEAU, J.-J. *Emile* ou *de l'éducation*. Paris: [s.e.], 1851.

SEMON, R. *Die Mneme als erhaltenes Prinzip im Wechsel des organischen Geschehens*. Leipzig: [s.e.], 1904.

SILBERER, H. *Probleme der Mystik und ihrer Symbolik*. Viena/Leipzig: [s.e.], 1914 [2. ed. Darmstadt: [s.e.], 1961].

SOEDERBLOM, N. *Das Werden des Gottesglaubens*. Leipzig: [s.e.], 1916.

SPIELREIN, S. Die Destruktion als Ursache des Werdens. *Jahrbuch jür psychoanalytische und psychopathologische Forschungen*. Vol. IV, Leipzig/Viena: [s.e.], 1912.

SPITTELER, C. *Prometheus und Epimetheus*. Jena: [s.e.], 1915.

_____. *Imago*. Jena: [s.e.], 1919.

_____. *Olympischer Frühling*. 2 vols. Jena: [s.e.], 1915/1916.

WARNECK, J. Die Religion der Batak. In: BÖHMER, J. (org.). *Religionsurkunden der Völker*. Vol. 1. Leipzig: [s.e.], 1909.

WEBSTER, H. *Primitive Secret Societies*. Nova York: [s.e.], 1908.

WELLS, H.G. *Christina Alberta's Father*. Londres/Nova York: [s.e.], 1925.

WILHELM, R. *I Ging*: Das Buch der Wandlungen. 2 vols. Jena: [s.e.], 1924.

Obra Completa — Vol. 7/2

_____. *Das Geheimnis der Goldenen Blüte*: Ein chinesisches Lebensbuch. Zurique: [s.e.], 1957 [Com um comentário de C.G. Jung].

WOLFF, T. Einführung in die Grundlagen der Komplexen Psychologie. *Die kulturelle Bedeutung der Komplexen Psychologie.* Edição comemorativa do 60° aniversário de nascimento de C.G. Jung. Berlim, 1935. Reimpressão em *Studien zu C.G. Jungs Psychologie.* Zurique, 1959.

WUNDT, W. *Grundzüge der physiologischen Psychologie.* 5. ed. refundida, 3 vols. Leipzig: [s.e.], 1902/1903.

Índice onomástico

Adler, A. 224, 256, p. 137, p. 159[1], p. 161, p. 163
Angelus Silesius 396

Benoît, P. 298s.
Bergson, H. p. 159
Bíblia
- Gênesis 243[1]
- Jó 311
- Novo Testamento 219
Bismarck, O. cf. 306
Bleuler, E. 233

Dante 232
Daudet, L. 270
Drummond, H. 306
Dryden J. p. 157

Eckermann, J.P. 306
Eckhart, M. 397

Flournoy, T. 219[4], 252[3]
Freud, S. 205, p. 131s., p. 149[1], p. 156, p. 161

Gênese v. Bíblia
Goethe, J.W. 224, 257s., 311, 380[1], 397, p. 137

Haggard, R. 298, 375
Hubert, H. 220[7]

James, W. 270, p. 159
Janet, P. 235, 344, p. 139
Jó v. Bíblia

Jung, C.G. Obras:
- Psychologie und Alchemie (Psicologia e alquimia) 360[4]
- Über die Archetypen des kollektiven Unbewussten (Sobre os arquétipos do inconsciente coletivo) 287[4]
- Collected Papers on Analytical Psychology p. 7
- Über die Psychologie der Dementia praecox (A psicologia da dementia praecox) 252[3]
- Psychologie und Erziehung (Psicologia e educação) 287[4]
- Die psychologischen Grundlagen des Geisterglaubens (Fundamentos psicológicos na crença dos espíritos) 293[7]
- Zur Phaenomenologie des Geistes im Märchen (A fenomenologia do espírito no conto de fadas) 287[4]
- Der Inhalt der Psychose (O conteúdo da psicose) p. 162[4]
- Zur Psychologie und Pathologie sogenannter occulter Phaenomene (Sobre a psicologia e a patologia dos fenômenos chamados ocultos) p. 7[3], 219[4]
- Psychologie und Religion (Psicologia e religião) 366[5]
- Psychologische Typen (Tipos psicológicos) 217[2], 219[5], 233[5], 240[10], 241[11], 309[3], 311[4], 367[6], p. 146[7]

- Wandlungen und Symbole der Libido (Transformações e símbolos da libido) p. 7[5], 218[3], 260[7], 341[1], p. 162[4]

Kant, E. 260[7], 140[*]
Kubin, A. 342

Lao-Tsé 308, 365, 388
Lehmann, F.R. 388[4]
Lévy-Bruhl, L. 329

Maeder, A. 228, p. 133
Mauss, M. 220[7]
Mechthild v. Magdeburg 215

Newton, J. 270
Nietzsche. Fr. v. 306, 373, 397, p. 164

Pfaff, I.W. p. 157

Rousseau, J.J. p. 138[2]

Schopenhauer, A. 212, 229, 240, p. 133s., p. 167
Semon, R. W. 219
Silberer, H. 360, p. 162[4]
Spitteler, C. 311, p. 168

Tácito 296

Virchow, R. 282

Wagner, R. 306
Warneck, J.. 293[6]
Webster, H. 384[3]
Wells, H.G. 270, 284, 332

Índice analítico

Abaissement du niveau mental
(Janet) 344
Adaptação 252, 319, 327, p.
139ss., p. 151
- funções de p. 167
- desadaptação 326
Afeto(s) 279, 307, 323s., 375
Alma cf. tb. Psique 240, 293, 400,
p. 131s., p. 145, p. 160
- autonomia da 303, 400
- qualidade feminina da 297s., 303,
314
- coletiva p. 162
- parcial 274
- "perda da alma" p. 143
- e si-mesmo 303
Alteração dos sentidos 252
Alucinações 312, p. 152s.
Amor 231, 236, p. 139s.
Análise 202s., 218, 224, p. 165s.
- do inconsciente v. e. tít.
- dos sonhos v. e. tít.
Anima 355, p. 175
- e Animus 297s., 341, 384, 387s.,
p. 168
-- autonomia de 339s., 370
- dissolução da 391
- discussão com a 322, 323s., 338,
378
- conscientização da 309
- como compensação da
consciência masculina 328
- manifestações da 319
- objetivação da 321
- e persona 304, 309s., 318

- personificação da 370
- projeção da 309, 314, p. 168s.
- conquista da 374, 380
- atuações da 308s., 320, 328s.
Animal, animais
- dragão 261
- cobra 224, 323, 374, p. 137
Animus, explicação com o 336, 339
- como figura de herói 341
- personificação do 332
- projeção do 333
- criativo, engendrador 336
- opiniões do 331
Antepassados, ancestrais 233[5], 336
- o culto dos 296
Antropossofia p. 157
Arquétipo(s) ativação dos 219
- como dominantes 377, 388
- fator histórico dos 303
- identificação com o(s) 389
- do inconsciente coletivo 377
- mesclagem com o 380
Ascensão 367
Astrologia p. 157s.
Atitude, mudança de 252
- tipos de p. 145s.
Autoconhecimento 218, 223, 275,
375, 381, p. 135s.
Autossacrifício 306

Ba e ka 295
Batak 293
Batismo 384
Bem e mal 224, 236s., p. 138, p.
140s.

- relatividade do 289
Bolchevismo 326
Bom senso, senso comum 207,
213s.
Bruxa 284

Caos 254
Capricho(s) humor(es) 275, 306,
348, 375, 400
Caráter, mudança do 252, p. 151
Casamento (casal) 316
Cascavel v. Animais (cobra)
Castelo no sonho 281
Causalidade 210
Ceia, comunhão 384
Círculo 367
Circuncisão 384
Cisma(s) p. 141
Cobra v. Animais
Compensação, compensações 222,
230, 265, 290
- coletiva 278s.
- mitológicas 284
"Complexo de Pai" 206
Complexo(s) 206, 329, 387
- autônomo 303, 329, 374
-- dissolução do 341
-- personificação do 312s., 339
Concretização 353s., 393
Conflito(s) p. 134s.
- solução do 206, 217
- moral 224, p. 138
- estancamento no 206
Consciência (consciente) 401
- capacidade de ascender à 292
- como função de relação com o
mundo 275
- irrupção no campo da 270
- unilateralidade da 359, p. 164
- do eu e persona 247, p. 149s., p.
167s.
- coletiva 229
- crítica 213, 323, 389
- e inconsciente pessoal 243, 392
- e inconsciente 202s., 212, 217s.,
235s., 247, 251, 288s., 305, 323,

339, 344, 365, 370, 387, p. 131s.,
p. 139s., p. 148, p. 150s., p. 161,
p. 164s., p. 167
Consciência (Gewissen) 311, 400
- coletiva 333
Consciência de si mesmo,
autoconfiança (Selbstgefühl,
Selbstbewusstsein) 221, 235, p.
135s., p. 139s.
Conteúdo(s), autonomia do(s) 230,
402
- pessoal 205, 218, 241
- psíquicos 203s., 218, 230, 254
- do inconsciente 270, 275, 385, p.
131s.
- assimilação dos c. inconscientes
253, p. 166s.
- conscientes e inconscientes 205,
292s., p. 132s., p. 161, p. 168s.
- conscientização dos c. inconsc.
224, 358s., 384, 387, 393, 396,
398, p. 137
- do inconsciente coletivo 240, 372
- projeção dos c. inconsc. 373
- reprimidos 203, 205, 218, p. 135
Conversões religiosas 270
Criptomnésia 219
Cristianismo 384, 393
Cristo 365, 397

Desacordo consigo mesmo 206,
373, p. 145s.
Desejos infantis 236
Demência paranoide 228, p. 152s.
Demiurgo 212
Demônio (daimon) 218
Depressão 344, 355
Desorientação 250, 254, p. 150s.,
p. 152
Deus 214, 218, 325, 394[6], 400, 402
- semelhança com 224, 227, 240,
p. 137s., p. 143s., p. 148, p. 155s.,
p. 152s.
- conceito de 218, 400, p. 138s.
- imagem de 218s.
- revivescência da imagem 248

O eu e o inconsciente

- homem-Deus 389
Deuses 392, 396s.
- quatro 366
Diabo (*diabolos, Teufel*) 286, 394s.
Diferenciação 240, p. 142[6], p. 143s., p. 148, p. 165s.
Dissociação 323
Dominantes como Arquétipos v. e. tít.
Dragão v. Animais

Ego, os despojados do (*Ent-ichten*) 236
Elgon 276, 293[5]
Emocionalidade 323, 326
Energia cf. tb. Libido 252, 258
- psíquica 206
Equilíbrio psíquico, transtorno (perturbação) do 252s., p. 152
Erotismo 256
Espiritismo 293, 312
Espíritos, mundo dos 293s., 312, 322
Esquizofrenia 233, 254
"Estar a sós consigo" (*Alleinsein mit sich selbst*) 323
Estrela como motivo de sonho 231s., 250, p. 150s.
Ética 289
Eu 365, 388, 391
- consciente 274s.
- despojados do (*Ent-ichten*) p. 140
- integridade do p. 145
- impotência do 221, p. 136s.
- como personalidade-mana 380s.
- não eu e p. 167s.
- e persona 305s., 312
- e si-mesmo 400, 405
- e o inconsciente 308, 323, 341s., 374, 382, 391
Eufemismo apotropaico 400
Euforia 236, p. 139s.
Experiência(s) arquetípica(s)
- totalidade da(s) 342, 364
Extrovertido(s) 356, 373, p. 146[7], p. 159
Extroversão 303

Fantasia(s) 369, p. 132, p. 147
- arcaicas 256
- conscientização das 357s.
- significado hermenêutico das p. 162
- vivência das 350
- infantis p. 131, p. 133s.
- do inconsciente coletivo 205, 245s., 384s.
- concretização da 352
- "cósmica" 250, p. 150s.
- "mera" (*nichts-als*) 319, "não é mais do que" p. 161
- obcecação pela 206
- e persona 307
- e realidade 355, p. 146
- sexual v. e. tít.
- espontaneidade 251, 344, p. 150s.
- procedimento nas 342s., 350s.
- efeitos da 228, 353
Fascínio 344
Fatores psíquicos 292, 311, 375, p. 134s.
Fausto 257s., p. 153s.
Femme inspiratrice 336
Feiticeiro, xamã, curandeiro 237, 378s., p. 141s.
Feitiço, feiticeiro, mago 258, 325, 377s., 382, 397
Filosofia "alquímica" 360
- chinesa 290
Fora e dentro 308s., 319, 327 336, 355, 397, 404
autofécondation intérieure 233[5]
Função, funções p. 146[7], p. 150
- assimilação das f. inferiores 359
- psíquica 219, p. 161
- transcendente 360, 362, 368
- quatro 367

Gigante 214
Guerra mundial 326

Héracles 224
Hermenêutica 145s.

Herói(s) 283, 306
Hipnose, hipnotismo p. 140s.
Homem, consciência do 330, 336
- e mulher 296s., 309, 314
- sentimento do 307, 316
- "forte" 307s.
- fraqueza do 307s., 317s.
- o inconsciente do 300
- o feminino no 298, 336
Humor 240, 262

Ideal, ideais
- ameaçados, abalados 254, 310, 323
- destruição dos p. 168s.
Ideias obsessivas 307
Igreja 325, p. 144s.
- como mãe 369
Ilusão, ilusões 373, 400
- abandono da(s) 381s.
Imagem, imagens cf. tb. Arquétipo 210, 218, 231, 236, 289, 293, 349, 405, p. 139s., p. 166s.
- do inconsciente coletivo 219, 232, 235, 248, 269, 283, 372
- primordiais 219, 260[7], 264, 267, 336, 389
- virtual 300
Imagem primordial v. e. tít.
Imago 223, 294, p. 136s.
Imago do pai 211s., 218
Imitação, tendência à 242, p. 147
Imortalidade 303
Impotência 308
Impulso(s), instinto(s) 214, 236, 241, 289, p. 138s.
Incesto, tabu do 239
desejo incestuoso (Freud) 261, p. 156
Inconsciente (o) 212, 214, 220, p. 152s.
- ativação do 253
- análise do 240s., 243, 248, p. 132s., p. 139s., p. 145s., p. 148s.
- temor do 316
- assimilação do 218, 221, 237, 361, 365, p. 134s., p. 140s.

- confrontação com 342, 360, 387
- e consciência v. e. tít.
- influxo do inconsc. sobre o consc. 251
- atitude para com o 346
- função do 266s.
- coletivo 220, 231, 240, 264, p. 166s., p. 168s., p. 172
-- arquétipo do v. e. tít.
-- e consciência 251, 254, p. 151s.
-- imagens do v. e. tít.
-- conteúdos do v. e. tít.
- compensação através do 274s., 288, p. 150s., p. 163s.
- como fonte da libido 258
- poder do 342, 370, 392, 394s.
- pessoal 218, p. 138s.
-- e coletivo 202s., 243, 247, 384, 387, p. 131s., p. 145s.
- projeção do 314
- estrutura do p. 131s.
- como summum bonum 394
- efeito do 268
- desejos do 257
- "objetivo", finalidade 216, 218, 346, 386
Íncubo 370
Individuação 266s., 310, 367, 405, p. 147
- processo de p. 166s.
Individual (o) p. 171
- e o coletivo 240, p. 160s., p. 165s.
Individualidade 240, 265, 266s., 393, p. 147, p. 165, p. 167s., p. 171
- libertação da 254s., p. 152s.
- e persona 245, p. 149s., p. 159
- aniquilamento da p. 144s.
Infância, crianças 202, 211, 270, 294
Infantilismo 236, 248, 254, 257, 261, 263, 284
Inferioridade, sentimento de 218, 306, p. 134s., p. 139s., p. 141s.
Inflação 227, 235, 243, 250, 260, 265, 380

O eu e o inconsciente 193

Iniciação, iniciações 384, 393
Inspiração 270, 295
Instinto, debilidade do 206
Intelecto 247
- desenvolvimento do 206
Introversão 303
Introvertido 356, 373, p. 159
Intuição, intuições 270, p. 165s.
Irracional (o), como função
psíquica p. 161
Isolamento 320

Kundry 374

Libertação 217
- dos pais v. e. tít.
Libido 260[7], p. 156[*], p. 163s.
- libertação da 345
- privação da 258, 344, 357, p.
153s.
- energia criadora 349

Mãe(s), libertação com relação à
314, 393
- "nostalgia da" 260, p. 156
- e filha 248, 280, 284
- e pai 248, 315
- e imago materna 316, 379
Magia 287, 293
Mal (o) cf. tb. Bem e Mal 286
Mana 388
Manobra, mecanismo, arranjo 321
Máscara cf. tb. Persona 237, 246s.,
269, 390, p. 149s.
Médico, como demônio, bruxo,
curandeiro 206
- e paciente 146s., 206
Medo, angústia 225, 308, 352,
369, p. 168s.
- do "outro lado" 323s.
Mefistófeles 224, 258, p. 137s., p.
154s.
Megalomania 260, p. 156
Mente, desenvolvimento mental p.
141s.
- funções da 235, p. 138s.

- individual e coletiva p. 138s.
- primitiva 290, 325
- doenças da 228, 270, 386, p.
152s.
Misticismo 324
Mito(s) 243[1], 261, p. 138s., p. 157
Modos de despojar o si-mesmo
267
Monstro, vitória sobre o 261, p. 157
Moral p. 163s.
Moralidade 240, p. 144s.
Morte 293
Mulher e Animus 328
- consciência da 330, 338
- poder da 296, 309

Não eu e eu v. e. tít.
Napoleão 388
Neurose 206, 290, 306, 344, 397,
p. 135s., p. 162s.
- obsessiva 285
Nível do objeto 223, p. 136s.
- análise, interpretação ao v. Sonho

Objeto(s) supervalorização do 303
Opinião depreciativa de si mesmo
(Selbstentwertung) p. 150s.
Opostos, contrários, oposições
311, p. 141s., p. 165s.
- pares (antagônicos) 237
- solução do problema dos 287
- jogo (tensão) dos 311
- união dos 327, 368, 382, p. 137s.
Ordenação de homens v. Iniciação
Orientação consciente, colapso da
254
Orientação do inconsciente v. e. tít.
Opiniões do Animus 331s.
Otimismo do extrovertido
- e pessimismo 222, 225, p. 136s.

Pai
- libertação do 393
Pai, e filha 247
Pai-amante 206, 211s.
Pais, imagens (imagines) 293s.

- complexo parental 293
Paixão 214
Participation mystique 231, 329
Paulo 243[1], 365, 397
Pecado, pecado original 243[1], 285
Pensamento 241, p. 145s., p. 151[2], p. 159, p. 165s.
- coletivo 240, p. 142[6], p. 142s., 28, p. 147
Pensamentos inconscientes 323, p. 136
Pensamentos de tonalidade afetiva (*Gefühlsgedanke*) p. 153s.
Perigo(s) p. 142s.
Personalidade, dissolução da 233, 237, p. 140s., p. 143s.
- desenvolvimento da 237, 364
- ampliação da 218, 235. 255, p. 139s., p. 141s., p. 143s., p. 144s., p. 148s.
- "ponto central" da 365, 382
- mudanças da 270, 360, 364, 369
Personalidade-mana 374s.
- dissolução da 398
- arquétipo da 389, 393, 395
- concretização da 394
Persona cf. tb. Máscara 237, 243s., 248, 269, p. 148s., p. 160, p. 163s., p. 165s., p. 169s.
- anima e v. e. tít.
- função de adaptação da p. 167s.
- dissolução 260, p. 150s., p. 156
- identificação com 227, 230, 306s., 312, p. 142s.
- perda da 337
- restabelecimento (reconstrução) da 254, 257, 259, p. 152s.
Pneuma 218
Poder, psicologia do 224, p. 137s.
- vontade de 222, 235, 237, 256, p. 136s., p. 139s., p. 142s.
Possessão 370, 374, 382, 387
Predisposição 219
Prestígio 238s., 391, p. 142s., p. 149s.

Primitivo (o) 237, 293s., 314, 325, 374, 384, 388, p. 141s., p. 144s.
- o medo do 324
- concepções primitivas 218
- religiões primitivas v. e. tít.
Profeta 263s.
Projeção, projeções 297, 375, 395
Prometeu 224
Psicologia 369, p. 143s., p. 157
- analítica p. 152s.
- arcaica p. 153s.
- feminina 296
-- e masculina 328s.
Psicologia da consciência 329, 406
Psicologia dos tipos p. 146[7]
Psicose 254, 270, 370
Psique cf. tb. Alma 209, 217, 365, 370
- consciente e inconsciente 274, 345
- individual 235
- coletiva 231, 234s., 245, p. 139s., p. 141s., p. 145s., p. 167s., p. 169s.
-- assimilação da p. 158
-- vitória sobre a 261, p. 157
-- identificação com 240, 260s., p. 143s., p. 152s., p. 156s.
-- e psique individual 250s., p. 143s., p. 158s.
Psiquiatria 270

Quatro 366

Ratio, racionalismo p. 159, p. 162s.
Realidade(s) 354
- adaptação à p. 164[6]
- dos arquétipos v. e. tít.
- deuses como v. e. tít.
- e irrealidade 351s.
"Realizar-se do si mesmo" (o) 267, 291, 310
Recusa de alimentação 270
Relação, relações, compensação da(s) 275, 285
Religião, religiões 302, 326

O eu e o inconsciente

Religiões de mistérios 384, 393
Renascimento 314, 393
Repressão, repressões 202s., 237,
240, 247, 297, 319, p. 141s., p.
144s., p. 148s., p. 150s., p. 154s.,
p. 166s.
- anulação, abolição da 202, 236,
250, p. 131s., p. 139s.
Representação, representações,
ideias
- herdadas, inatas 219
Représentations collectives 231
Resignação 257, 259
Resistências(s)
- superação das 224
Revenants cf. tb. Espíritos 293s.
Rito 314s.
Ruah, como alento e espírito 218

Sábio, o velho 218, 389, 397
Sacrifício 208
Sargão 284
Segredos rituais p. 141s.
Selbstbesinnung, equilíbrio 252
Sentimento, relação afetiva
(*Gefühl*) 206, 296
- projeção do 334
Sentimento (*Fühlen*) 241, p. 151^2,
p. 159, p. 165s.
- coletivo 239, p. 142^6, p. 142, p.
147
Sete 366
Sexualidade 308
- infantil p. 153s.
Simbolismo, arcaico 241, p. 147
- sexual p. 153s.
Símbolo(s) 323, 326, 355, p. 142s.
- interpretação, sentido do p. 161s.
- animal como v. e. tít.
Simbologia, simbólica 384
- alquimista 360
Si-mesmo (o) (*Selbst*) 303, 329,
400, 405
- consciência do 274
- eu e v. e. tít.
- individual 248, 266s.

- conteúdos do 405
- conflitos com o 218
- inconsciente 247, p. 134s., p.
149s.
Simpático, inervação do 206
Sol 250, 298
Sombra(s) 225, 388, 400, p. 145s.
Sonho(s) 272, p. 147, p. 165s.
- análise, interpretação dos 212,
218, p. 135s.
- de medo 285s.
- e consciência 209s., 273, 323
- gênese do 210
- nos doentes mentais 386
- "grande" 276
- função compensatória do 288, p.
164^5
- o cósmico no 250s., p. 150
- pessoais e ultrapessoais 205,
275s.
- e realidade 248
Sonho
- do mago branco e do mago negro
287
- do demônio 285
- da torre 281
- do pai de extraordinária estatura
211, 248
Sonho, símbolos do, motivos do
250
Súcubo 370
Sugestão 242, 326, 342, 344, p.
147, p. 162s.
Suicídio 344, 354
Sujeito e objeto 223, 348, 405, p.
136s., p. 167s.
Summum bonum 394
Super-homem 224, 380, 388
Superstição 324, 353, p. 161^2, p.
162s.

Tão, taoísmo 327, 365
Tabu, infrações do 239s., 243^1, p.
143s., p. 168s.
Teorias da neurose (Freud e Adler)
256

Teoria do trauma 293
Teosofia p. 157
Terra p. 140s.
Tesouro escondido 231
Tipo(s) v. Tipos de atitude
Tolerância 224, p. 137s.
Torre no sonho 281
Transferência 206, 212s., 248,
256, 342
- liberação da 208, 214s., 251
- fator curativo da 206
- sentido da 214
Trono de ouro 218

Valor(es) p. 159
- e desvalor 229s.
Vento 211, 218s.
Verdade(s) eterna(s) p. 158
"Verdadeiro é aquilo que atua"
353

Vida, renovação da 260, p. 156, p.
162s.
- estancamento da 206
Visão, visões 229, 233, 252, 342,
366s., 384, p. 151s.
Vontade originária 212
Voz interior 229, 254, p. 151s.

Unilateralidade p. 163s.

Weltanschauung (mundividência,
concepção do mundo, cosmovisão)
229
- racional 324
Wotan 218

Yang e Yin 287

Zaratustra 397

REFLEXÕES JUNGUIANAS

Corpo e individuação
Elisabeth Zimmermann (org.)

As emoções no processo psicoterapêutico
Rafael López-Pedraza

O feminino nos contos de fadas
Marie-Louise von Franz

Introdução à psicologia de C.G. Jung
Wolfgang Roth

O irmão – Psicologia do arquétipo fraterno
Gustavo Barcellos

A mitopoese da psique – Mito e individuação
Walter Boechat

Paranoia
James Hillmann

Puer-senex – Dinâmicas relacionais
Dulcinéa da Mata Ribeiro Monteiro (org.)

Re-vendo a psicologia
James Hillmann

Suicídio e alma
James Hillmann

Sobre eros e psique
Rafael López-Pedraza

Sonhos – A linguagem enigmática do inconsciente
Verena Kast

Viver a vida não vivida
Robert A. Johnson, Jerry M. Ruhl

Conecte-se conosco:

 facebook.com/editoravozes

 @editoravozes

 @editora_vozes

 youtube.com/editoravozes

 +55 24 2233-9033

www.vozes.com.br

Conheça nossas lojas:
www.livrariavozes.com.br

Belo Horizonte – Brasília – Campinas – Cuiabá – Curitiba
Fortaleza – Juiz de Fora – Petrópolis – Recife – São Paulo

  Vozes de Bolso

EDITORA VOZES LTDA.
Rua Frei Luís, 100 – Centro – Cep 25689-900 – Petrópolis, RJ
Tel.: (24) 2233-9000 – E-mail: vendas@vozes.com.br